新编学生国学丛书

荀子

叶圣陶 选注

宛志文 校订

中国文史出版社

图书在版编目（CIP）数据

荀子/叶圣陶选注；宛志文校订．——北京：
中国文史出版社，2019.11

（新编学生国学丛书/缪天绶主编）

ISBN 978-7-5205-1551-1

Ⅰ．①荀…　Ⅱ．①叶…　②宛…　Ⅲ．①儒家
②《荀子》－注释　Ⅳ．①B222.62

中国版本图书馆CIP数据核字(2019)第278197号

责任编辑：金　硕

出版发行：**中国文史出版社**

社　　址：北京市海淀区西八里庄路69号院　　邮　　编：100142

电　　话：010-81136606　81136602　81136603　81136605（发行部）

传　　真：010-81136655

印　　厂：北京温林源印刷有限公司

经　　销：全国新华书店

开　　本：880mm×1230mm　1/32

印　　张：5.25

字　　数：102千字

版　　次：2020年2月北京第1版

印　　次：2020年2月第1次印刷

定　　价：21.60元

总　　序

冯天瑜

作为汉字古典词，“国学”本谓周朝设于王城及诸侯国都的贵族学校，以与地方性、基层性的“乡校”“私学”相对应。隋唐以降实行科举制，朝廷设“国子监”，又称“国子学”，简称“国学”，有朝廷主持的国家学术之意。

时至近代，随着西学东渐的展开，与来自西洋的“西学”相比配，在汉字文化圈又有特指本国固有学术文化的“国学”一名出现。如江户幕府时期（1601—1867）的日本人，自18世纪起，把流行的学问归为三类：汉学（从中国传入）、兰学（从欧美传入，19世纪扩称洋学）、国学（从《古事记》《日本书纪》发展而来的日本固有学术）。19世纪末、20世纪初，中国留日学生与入日政治流亡者，以及活动于上海等地的学人，采借日本已经沿用百余年的“国学”一名，用指中国固有的学术文化。1902年梁启超（1873—1929）撰文，以“国学”与“外学”对应，强调二者的互动共济，梁氏曰：“今日欲使外学之真精神普及于祖国，则当转输之任者，必邃于国学，然后能收其效。”（《论中国学术思想变迁之大势》）1905年国粹派在上海创办《国粹学报》，公示“发明国学，保存国粹”宗旨。这里的“国学”意为“国粹之学”。该刊发表章太炎（1869—1936）、刘师培（1884—1920）、陈去病（1874—1933）等人的经学、史学、诸子学、文字训诂方面文章，以资激励汉人的民族精神与文化自信。从此，中国人开始在“中国固有学术文化”意义上使用“国学”一词，为“国故之学”的简称。所谓“国故”，指中国传统的学术文化之故实，此前清人多有用例，如魏源（1794—1857）认为，学者不应迷恋词章，学问要从“讨朝章、讨国故始”（《圣武记》卷一一），这“讨国故”的学问，也就是后来所谓之国学。

经清末民初诸学者（章太炎、梁启超、罗振玉、王国维、刘师培、黄侃、陈寅恪等）阐发和研究，国学所涉领域大定为：小学、经学、史学、诸子、文学，约与现代人文学的文、史、哲相当而又加以综汇，突现了中国固有学术整体性特征，可与现代学校的分科教学相得益彰、彼此促进，故自 20 世纪初叶以来，“国学”在中国于起伏跌宕间运行百年，多以偏师出现，而时下又恰逢勃兴之际。

中国学术素有“文、史、哲不分家”的传统，中国学术的优势与缺陷皆与此传统相关。百年来的中国学校教育仿效近代西方学术体制，高度分科化，利弊互见。其利是促进分科之学的发展，其弊是强为分割知识。为克服破碎大道之弊，有人主张打通文、史、哲壁垒，于是便有综汇中国人文学的“国学”之创设，并编纂教材，进于学校教育、家庭教育、社会教育，其先导性教材结集，为 20 世纪 20 年代至 30 年代原商务印书馆由王云五策划并担任主编的《万有文库》之子系《学生国学文库》。所收均为四部重要著作。略举大凡：经部如诗、礼、春秋，史部如史、汉、五代，子部如庄、孟、荀、韩，并皆刊入；文辞则上溯汉、魏，下迄近代，诗歌则陶、谢、李、杜，均有单本，词则多采五代、两宋。丛书凡 60 册，已然囊括了“国学”之精粹。其鲜明之特色是选注者掺入了对原著的体味，经史诸书选辑各篇，以表见其书、其作家之思想精神、文学技术、历史脉络者为准。其无关宏旨者，概从删削、剔抉。选注者中不乏叶圣陶、茅盾、邹韬奋、傅东华这样的学界翘楚。他们对传统国学了然于胸，于选注自然是举重若轻，驾轻就熟。这样一份业经选注者消化、反刍的国学精神食粮自然更便于国学入门者吸收。

这样一套曾在20世纪初在传播传统文化、普及国学知识方面起到重要的作用的丛书即便今天来看也是历久弥新。中国文史出版社因应时势，邀约深谙国学之行家里手于原辑适当删减、合并、校勘，以 30 册 300 余万言，易名《新编学生国学丛书》呈献当今学子。诸书均分段落，作标点，繁难字加注音，以便省览。诸书原均有注释，古籍异释纷如，原已采其较长者，现做适当取舍、增删。诸书较为繁难、多音多义之字，均注现代汉语拼音，以便讽颂。诸书卷首，均有选注者序，述作者生平、本书概要、参考书举要等，凡所以示读者研究门径者，不厌其详，现一仍其旧。

这样一套入门的国学读物，读者苟能熟读而较之，冥默而求之，国学之精要自然神会。

是为序。

校订说明

丛书原名《学生国学文库》，为20世纪二三十年代商务印书馆王云五主编《万有文库》之子系，现易名《新编学生国学丛书》，奉献给广大国学爱好者。

原丛书共60种，考虑到难易程度、四部平衡、篇幅等因素，在广泛征求专家意见基础上，现删减为34种30册。

基本保留了原书的篇章结构。因应时势有极少量的删节。

原文部分，均选用通用、权威版本全文校核，参以校订者己见做了必要的校核和改订。为阅读的通顺、便利，未一一标注版本出处。

注释根据原文的结构分别采用段后注、文后注，以便读者省览。原注作了适当增删，基本上保持原文字风格，之乎者也等虚词适当剔除，增删力求通畅、易懂，避免枝蔓。典实、注引做了力所能及的查证，但因才学的有限疏漏可能在所难免。

原书为繁体竖排，现转简体横排。简化按通行规则，但考虑到作为国学读物，普及小学知识亦在情理之中，故而保留了少量通假字、繁体字、异体字，一般都出注说明。或许亦可增加读者的阅读兴趣和扩大知识面。

生僻、多音字作相应注音，原反切、同音、魏妥玛注音，均统一改现代汉语拼音。

国学读物校订，工作浩繁，往往顾此失彼，多有不当处，还望读者指正。

例　言

一、本书所采，是关于荀子的思想学说最重要的篇章。比较不重要的，就不录入。至于要看荀子书全部，自可去找别的本子。

二、本书正文，依据《荀子集解》。经各家考证，是衍文讹字，便加〔 〕号标明；应当增字，便用小字刊载一旁，以醒眉目。《集解》分段处，现在空一行；每段新分小节，每节另行起，也是要仍旧可见原样的意思。

三、本书的校勘同注释，就《荀子集解》及日本《汉文大系》所刊的《增注》《补遗》里边各家的说数，择善而从。意在使读者展开书面，能够顺流地读下去，而且即能了解所涵的意义。这与本书的不刊荀书全部是一贯的宗旨，都是希望读者能适当地节省学力和时间。因为《集解》等原书极易找到，要参考时取携极便，故各家考证的途径不复采入，单取他们的结果。所采的是哪一家的，以同样的原由，也不复标明。

四、本书标注现代汉语拼音，以期读音的便利。

绪　言

一　荀子略传

荀子，名况，字卿[1]，战国时赵人，生当公元前335年前后，死当公元前235年前后[2]。他青年时代曾游燕国。齐湣王的末年，他游学于齐国，已是五十岁了[3]。齐国当威王、宣王的时候，延致天下贤士很多，到这时候死亡殆尽；所以当齐襄王时，他“最为老师”[4]。后来游秦国，见秦昭王同应侯[5]，没有什么意思。又到赵国，议兵于赵孝成王前[6]；但也不能有所施为。末了游楚国。那时候春申君当国，使他作兰陵令[7]。后来春申君为李园所杀，他就废官。年命差不多要完了，有所施为是无望了，遂从事著作。不久就死在兰陵。

二　荀子书

刘向校书叙录说：“孙卿书凡三百二十二篇，以相校，除复重二百九十篇，定著二十二篇。”[8]题名为“新书”。《汉书·艺文志》儒家《孙卿子》三十二篇[9]，又赋家孙卿赋十篇。《隋书·经籍志》《旧唐书·经籍志》《唐书·艺文志》都载《孙卿子》十二卷，又都有荀况的别集。《唐书·艺文志》另有杨倞[10]注《荀子》二十卷。杨倞是第一个注《荀子》的人。他的序文说："……独《荀子》未有注解，亦复编简烂脱，传写谬误。虽好事者时亦览之，至于文义不通，屡掩卷焉……辄用申抒鄙思，敷寻义理，其所征据，则博求诸书……以文字繁多，故分旧十二卷，三十二篇，为二十卷。又改《孙卿新书》为《荀卿子》。其篇第亦颇有移易，使以类相从云。"[11]这是《荀子》结集成现在的样子的略历。《汉书·艺文志》所载孙卿赋十篇，当即指三十二篇中的《成相篇》《赋篇》而言[12]，因为别立赋家，所以抽出来重复记着。《隋书·经籍志》等既录《孙卿子》，又有荀况的别集，也是同样的办法。直到杨注出来，给与研求的人不少的便利，于是未经杨倞编订的十二卷本以及荀况的别集自然归于淘汰了。

直到清朝乾、嘉年间，校勘古书的风气大盛，所用校勘的方法都是极严密的，最不取孤证同武断。这当儿，注意《荀子》的人自然也多起来了。于是杨倞注的《荀子》又经过许多学者的修订，义理更见明白。清末，王先谦作《荀子集解》一书[13]。胡适说整理国故有三途，其中之一叫做"总帐式的整理"[14]。王先谦的工作，正是结的从前人校释《荀子》的帐。他的校勘依据各种本子，"择善而从"。采集郝懿行、王念孙、王引之、汪中、刘台拱、卢文弨、顾广圻、陈奂等各家解释的说数，往往加以判断；而他自己也有所发明，又附载关于《荀子》一书的考证，差不多搜集得周遍了。所以我们研究《荀子》，以《集解》为最精善最适用的本子。日本久保爱作《荀子增注》[15]，用宋本元本来校勘，颇足供参证。服部宇之吉编《汉文大系》，第十五卷是《荀子》，就把《集解》同《增注》合在一起，又加入了猪饲彦博的《补遗》。

不论什么古书，往往是这样子：题名是谁作的，其实未必完全出于谁手；弟子的记录，类似的言论，常与作者的原著一同被包在一个书名之下。《荀子》这部书也是这样的情形。如《大略》《宥坐》等篇，显然是语录同杂记一类的东西。又这部书最初经刘向的结集，已加编排的手续，直到杨倞，中间未必不再经几回的编排。因编者识力的关系以及凑足篇数的关系，编排得不能尽惬当自是难免的事。如《非相篇》的后两章与“非相”无干，《天论篇》的末段与《天论》无干，都由于这等的原因。胡适说：“大概《天论》《解蔽》《正名》《性恶》四篇全是荀卿的精华所在。”[16]或者这几篇才是荀子以著述的态度特地写下来的吧。

三　学术思想概况

《史记》不载荀子所从受学。汪中作《荀卿子通论》，考见荀子对于《易》《礼》《毛诗》《鲁诗》《韩诗》，左氏《春秋》、公羊《春秋》、谷梁《春秋》不是有授受、解释的明据，便是有牵联、关系的痕迹[17]。因此说：“盖荀卿于诸经无不通，而古籍阙亡，其授受不可尽知矣。”荀子做的学问既尽是儒家的学问，又这样地广博，自然自己也立脚在儒家的一面。可是，当他的时代，所谓“七十子之徒”已是过去了，儒家很有点衰败的样子了。而他所谓“足以欺惑愚众”的学说[18]，却沸沸扬扬到处流传。这怎能教他不要忧心呢？于是申述他完全自得的中心思想，同时批评他家的思想、驳斥他家的思想[19]，希望移易当时的人心。他的弟子有李斯、韩非，是我国历史上著名的政治家。又有浮丘伯同张苍，一个是受《诗》的，一个是受左氏《春秋》的。更从他与诸经的关系讲，简直可说汉代的学术都源于他。总之，他是为儒家放异彩的一位大师，是诸经传授的一位肩荷者。

荀子的自得的中心思想，不能不推他的针对孟子“性善说”的“性恶论”。他的口号是“人之性恶，其善者伪也”[20]。他以为人的天性有种种的情欲，若令顺着情欲做去，就会做出恶事。可见人性本恶。因此，必须有种种人为的礼义法度来节制它、来利导它，方才可以为善。可见人的善行，全赖人为。这个观念应用到政治哲学上边，就成“礼治主义”。他说：“今人之性恶，必将待师法然后正，得礼义然后治。”[21]何以能“正”？何以能“治”？就因为“师法”同“礼义”不是顺性的而是特地定出来裁制性的东西，性恶这个观念应用到教育哲学上边，就成“积善主义”。他说：“涂之人百姓积善而全尽，谓之圣人。彼求之而后得，为之而后成，积之而后高，尽之而后圣。故圣人也者，人之所积也。”[22]人本来没有善，犹如穷人一个钱也没有。但是一个一个积起来，积之不休，到极其充足的一天，就是富翁了。

积善积到这地步，就是圣人。每个穷人都能成富翁，只要能积钱；每个人都能成圣人，只要能积善。性恶这个观念应用到人生哲学上边，就成“明心主义”。他说：“心者，道之工宰也。”[23]又说：“故心不可不知道。心不知道，则不可道而可非道……心知道，然后可道。可道，然后能守道以禁非道。”[24]要能知道而以道为可，才是清明的心。怎能使心知道呢？他有“虚一而静”四个字[25]，就是先要做到虚心、专一、静心三种工夫。心既清明，所可中理，就不会顺着情欲做出非道的事情来了。

要礼治，要积善，要明心，纯任自然是办不到的，必须努力作为，多一分功力就多一分效果。所以他极看重后来被误解而累他受冤枉的一个“伪”字。这是荀子哲学的特色，他把老、庄任天的观念，墨家信天的观念都辟开了，干干脆脆把所有的责任都担在人的肩膀上。于是发生他的“天论”，自然主要是“不求知天”，但欲征服天行以为人用了[26]。

荀子所说的“伪”，在圣人方面是为民众制定礼义。他说：“礼义者，圣人之所生也。”[27]又说：“先王恶其乱也，故制礼义以分之。”[28]在民众方面，所谓“伪”便是努力学习，把礼义积聚在自己的身上。他说：“今人之性，固无礼义，故强学而求有之也。”[29]圣人所制定的礼义差不多是民众永久的标准，因为圣人是通乎古今，最善推度的。他说：“圣人者，以己度者也。故以人度人，以情度情，以类度类，以说度功，以道观尽。古今一也。度类不悖，虽久同理。”[30]古今既是一致，似乎都不妨效法，但是他不主张“法先王”而主张“法后王”。他的意思，并不是说先王不好，也不是说先王与后王有什么不同，只因为后王的时代近，他的礼法制度更是明白可考。所以他说：“欲观圣王之迹，则于其粲然者矣，后王是也。”[31]

这种标准圣王、古今一致的观念，从思想方法上讲，完全是演绎法。所以他说：“凡议，必将立隆正，然后可也。无隆正则是非不分，而辨讼不决……凡言议期命以圣王为师。”[32]只要把圣王的礼法制度作为“隆正”，作为大前提，为是为非的结论便不至于差误。根据这个来正名，自然主张“必将有循于旧名，有所于新名”[33]了。

荀子因论明心而论到心理现象[34]，于是跨入了心理学的界域。又因论正名而论到“所为有名”、“所缘以同异”以及“制名之枢要”[35]，于是跨入了认识论的界域。在儒家，他以前的儒家，从没有探求得这样深而描写得这样细的。这是可以注意的。

四　余语

研究学术思想，不论是古人的或是现代的，首要在确知它的真相；更进一步，就拿来作我自己研究学术、完成思想的参证。所以主观的态度是不相宜的，拘泥的性习是没有好处的。譬如从前人因荀子主张性恶，就对他不满意，以为他无论如何，至少要比孟子低一级。这由于他们主观得厉害，拘泥得厉害，故而想着性总该是善的才对。我们现在就不这样，性到底是善是恶的问题且搁在一旁，却觉得孟、荀二人同样是混用抽象名词来说话的人。陈登元作《荀子之心理学说》[36]，罗列两家的说数来比核，他的答案是“孟、荀二家皆主心善。荀子性恶之性，非孟子性善之性。”试读《解蔽篇》论心的文字，与孟子“恻隐之心，人皆有之”的话对照，他们两个人确然在一条路上。荀子说性恶，每指情欲而言，孟子说性善，却指“我固有之”的良心，用词不同，显然可见。那么，从前人扬彼抑此，不是无聊的争辩么？这是说客观的态度的必要。

又如我们既知道孟子说性善，荀子说性恶，其实他们两家都说的心善，这当儿最要记着“孟子说”“荀子说”这几个字。记着这几个字就与“我信”不同。固然，如孟、荀两家在我国学术思想上都发生伟大的影响，或且直到无尽的将来。但“食而化之”是可以的，“酌而采之”是可以的，研究某说即“我信”某说是不可以的，因为这样就把你的进程阻挡住了。在现在的时代，要研究哲学、教育、心理等科，应当从现代的哲学、教育学、心理学等入手；古代的呢，都只给我们作参证的材料，这才会有永永进展的希望。这是说融通的性习的必要。

编者编完了这部书，谨将所怀的一点意思写在前面，以贡献于读者。

[1]《史记》称荀卿，刘向校书叙录同应劭《风俗通》却称孙卿，《荀子》里边多自称孙卿子。为什么一个人有了两个姓呢？司马贞、颜师古等都说汉宣帝讳询，故改荀为孙。谢墉作《荀子笺释》，于序文中驳此说道："考……汉时尚不讳嫌名。且如后汉李恂与荀淑、荀爽、荀悦、荀彧俱书本字，讵反于周时人名见诸载籍者而改称之？若然，则《左传》自荀息至荀瑶多矣，何不改耶？……盖荀音同孙，语遂移易。如荆轲在卫，卫人谓之庆卿，而之燕，燕人谓之荆卿。"此说有这样坚强的反证，避讳说当然不能成立；而所以一姓异字的原由，也可因此恍然了。又《史记》单称荀卿，没有说明卿字是名是字，刘向校书叙录说"孙卿，赵人，名况"，也没有说明卿字是什么。后人多说卿字是尊美之词。直到江瑔《读子卮言论荀子之姓氏名字》一文，始断定卿字是荀子的字。他的证据很坚强。他说："刘向叙曰：'兰陵人善为学，盖以孙卿也。长老至今称之，曰兰陵人喜字为卿，盖以法孙卿也。'此为荀子字卿之确证。刘向不言'兰陵人喜名为卿'，而曰'喜字为卿'，则卿为荀子之字可知。"

[2]《史记》载荀子死于春申君死后。春申君为李园所杀，在楚考烈王二十五年，当公元前 238 年。那么荀子的死，当在公元前 235 年前后，没有什么可疑。独有对于他的生年，从前人有种种不同的推测，不易确定谁是谁非。但是有一条线索在这里，依着推求，实也不见得难定。《韩非子·难四》篇有句话道："燕王

哙贤子之而非荀卿，故身死为僇”。韩非是荀子的弟子，述及老师的事情决不至于差误，可见荀子当燕王哙未死之前，曾到过燕国。燕王哙死的那年是公元前314年。而能够到别国去想有所发展，至少须是个二十岁左右的青年。据此上推，故说荀子的生年在公元前335年左右。下推到齐襄王元年，当公元前283年，他已是五十多岁的人了，所以齐襄王时他最为老师，其间时距亦很吻合。只是这样说来，他的年寿到一百岁以外，似乎有点奇特。但是古往今来并不是没有百岁以外的人；并且按照他的事迹，须要这样说去方通，我们只得认他是个享年极高的人了。

[3]《史记》本传称“年五十，始来游学于齐”。刘向叙录称“方齐宣王、威王之时，聚天下贤士于稷下，尊宠之，若邹衍、田骈、淳于髡之属甚众，号曰列大夫，皆世所称，咸作书刺世。是时孙卿有秀才，年五十，始来游学”。后人不察刘向的差误，觉得荀子的年岁太长了，以为“年五十”当是“年十五”。胡适作《中国哲学史大纲》，辨正此说最有理。他说：“不知本文说的‘年五十始来游学’，这个‘始’字含有来迟了的意思。若是‘年十五’，决不必用‘始’字了。” [4]《史记·孟子荀卿列传》叙述荀子，于“始来游学于齐”下接“驺衍之术，迂大而闳辩。奭也文具难施。淳于髡久与处，时有得善言。故齐人颂曰：‘谈天衍，雕龙奭，炙毂过髡’”，共四十一字。往下乃说“田骈之属皆已死。齐襄王时，而荀卿最为老师”。胡适对于“驺衍之术……”四十一字以为“这一段不相干的事实，乃是上文论

‘齐有三驺子’一节的错简。”这自是极确切的；我们试把这一段补入上节，文义都合。胡适又说“齐襄王时”四字应属上读，因为“这四字在文法上是一个‘状时的读’；状时的读与所状的本句决不可用‘而’字隔开，隔开便不通了。”依此说，“齐襄王时”与“为老师”并没有什么关系。可是，《史记》一书颇有类似的不通句子，陈登元作《荀子传略》（见东南大学南京高师国学研究会所出《国学丛刊》第二卷第一期）曾举出《孔子世家》中“鲁襄公二十二年而孔子生”及“鲁昭公之二十二年，而孔子盖年三十矣”两例。可见用文法来解决，未必一定可靠。又况这四字如属上读，势必把荀子的生年排后，那么又何以解于韩非的话呢？所以我们还是从旧时读法，把这四字属下。　[5]《荀子·儒效篇》载秦昭王与荀子问答的话。《强国篇》载应侯与荀子问答的话。　[6]《荀子·议兵篇》载荀子与临武君在赵孝成王前议兵的话。　[7]荀子作兰陵令在楚考烈王八年，当公元前255年。　[8]现在把篇目抄录在这里：《劝学篇》第一，《修身篇》第二，《不苟篇》第三，《荣辱篇》第四，《非相篇》第五，《非十二子篇》第六，《仲尼篇》第七，《成相篇》第八，《儒效篇》第九，《王制篇》第十，《富国篇》第十一，《王霸篇》第十二，《君道篇》第十三，《臣道篇》第十四，《致仕篇》第十五，《议兵篇》第十六，《强国篇》第十七，《天论篇》第十八，《正论篇》第十九，《乐论篇》第二十，《解蔽篇》第二十一，《正名篇》第二十二，《礼论篇》第二十三，

《宥坐篇》第二十四，《子道篇》第二十五，《性恶篇》第二十六，《法行篇》第二十七，《哀公篇》第二十八，《大略篇》第二十九，《尧问篇》第三十，《君子篇》第三十一，《赋篇》第三十二。 [9]今本《汉书》作三十三篇，据王应麟《汉书·艺文志考证》，当作三十二篇。 [10]《唐书》没有给杨倞立传。《艺文志》于他所注《荀子》下注“汝士子，大理评事”七个字。汪中考杨汝士三子没有名倞的；却从《古刻丛钞》里发见杨倞所作的墓志铭，据此考定他是唐武宗时人。（见所作《荀卿子通论》）但郝懿行以为汝士三子虽然没有一个名倞的，而杨倞或许有改名的事情。（见《与李璋煜月汀比部论杨倞书》）《四库提要》也说“倞或改名”。这些话不能确定孰是孰非。但《荀子注》序文末有“时岁在戊戌，大唐睿圣文武皇帝元和十三年十二月也”，这一年当公元818年，是他成书作序的时期，却是可以确知的。 [11]他的新目录是：第一卷，《劝学篇》第一，《修身篇》第二；第二卷，《不苟篇》第三，《荣辱篇》第四；第三卷，《非相篇》第五，《非十二子篇》第六，《仲尼篇》第七；第四卷，《儒效篇》第八；第五卷，《王制篇》第九；第六卷，《富国篇》第十；第七卷，《王霸篇》第十一；第八卷，《君道篇》第十二；第九卷，《臣道篇》第十三，《致仕篇》第十四；第十卷，《议兵篇》第十五；第十一卷，《强国篇》第十六，《天论篇》第十七；第十二卷，《正论篇》第十八；第十三卷，《礼论篇》第十九；第十四卷，《乐论篇》第二十；第十五卷，《解蔽篇》第二十一；第十六卷，《正名篇》第二十二；第十七卷，《性恶篇》第二十三，《君子篇》第二十四；第十八卷，《成相篇》第二十五，《赋篇》第二十六；第十九卷，《大略篇》第二十七；第二十卷，《宥坐篇》第二十八，《子道篇》第二十九，《法行篇》第三十，《哀公篇》第三十一，《尧问篇》第三十二。后来都依这样的排次。 [12]《赋篇》中含有《礼》《知》《云》《蚕》《箴》五赋是显然的赋。其余《佹诗》一篇与《成相篇》都是韵文，而且都是敷陈其事的，自然也可包在赋这个名词之下。惟《成相篇》中究是几篇，从前人有好几个说数，现在也不能断定。 [13]他的序文记着光绪十七年，当公元 1891 年。 [14]此说见他所作北京大学《国学季刊》的宣言以及《淮南鸿烈集解序》。 [15]他的序文记着文政庚辰，当公元 1820 年。 [16]见《中国哲学史大纲》。

[17]汪中文道："《经典叙录》《毛诗》，徐整云：'子夏授高行子，高行子授薛仓子，薛仓子授帛妙子，帛妙子授河间人大毛公，毛公为《诗故训》传于家，以授赵人小毛公。'一云：'子夏传曾申，申传魏人李克，克传鲁人孟仲子，孟仲子传根牟子，根牟子传赵人孙卿子，孙卿子传鲁人大毛公。'由是言之，《毛诗》，荀卿子之传也。《汉书·楚元王交传》：'少时尝与鲁穆生、白生、申公同受《诗》于浮邱伯。伯者，孙卿门人也。'《盐铁论》云：'包邱子与李斯俱事荀卿（包邱子即浮邱伯）。刘向叙云：'浮邱伯受业，为名儒。'《汉书·儒林传》：'申

公，鲁人也，少与楚元王交俱事齐人浮邱伯受《诗》。’又云‘申公卒以《诗》《春秋》授，而瑕邱江公尽能传之。’由是言之，《鲁诗》，荀卿子之传也。《韩诗》之存者，《外传》而已，其引《荀卿子》以说诗者四十有四。由是言之，《韩诗》，荀卿子之别子也。《经典叙录》云：‘左邱明作《传》，以授曾申，申传卫人吴起，起传其子期，期传楚人铎椒，椒传赵人虞卿，卿传同郡荀卿名况，况传武威（武威，据《史记·张丞相传》当作阳武）张苍，苍传洛阳贾谊。’由是言之，《左氏春秋》，荀卿之传也。《儒林传》云：‘瑕邱江公受《谷梁春秋》及《诗》于鲁申公，传子，至孙为博士。’由是言之，《谷梁春秋》，荀卿子之传也。荀卿所举，本长于《礼》。《儒林传》云：‘东海兰陵孟卿善为《礼》《春秋》，授后苍、疏广。’刘向叙云：‘兰陵多善为学，盖以荀卿也。长老至今称之，曰兰陵人喜字为卿，盖以法荀卿。’又二戴《礼》并传自孟卿，《大戴礼·曾子立事》篇载《修身》《大略》二篇文，小戴《乐记》《三年问》《乡饮酒义》篇载《礼论》《乐论》篇文。由是言之，曲台之礼，荀卿之支与余裔也……其说‘霜降逆女’，与毛同义。《礼论》《大略》二篇，谷梁义具在。又《解蔽篇》说《卷耳》，《儒效篇》说《风》《雅》《颂》，《大略篇》说《鱼丽》《国风》好色，并先师之逸典。又《大略篇》‘《春秋》贤穆公，善胥命’，则为《公羊春秋》之学。楚元王交本学于浮邱伯，故刘向传《鲁诗》、《谷梁春秋》，刘歆治《毛诗》、《左氏春秋》，董仲舒治《公羊春秋》，故作书美荀卿，其学皆有所本。刘向又称荀卿善为《易》，其义亦见《非相》《大略》二篇。” [18]《非十二子篇》中，除了论子思、孟轲两家，其外都有“足以欺惑愚众”的案语。 [19]《天论篇》《解蔽篇》有批评老、庄、慎、墨、宋、惠、申诸子的话。《性恶篇》是驳孟子的“性善说”的。《富国篇》《乐论》是驳墨子的“节用”同“非乐”两说的。《正论篇》里，则有驳宋子学说的话。 [20]《性恶篇》中，这个口号凡九见。 [21]见《性恶篇》。 [22]见《儒效篇》。 [23]见《正名篇》。 [24]见《解蔽篇》。 [25]见《解蔽篇》。 [26]征服天行以为人用的说数是“大天而思之，孰与物畜而裁之？从天而颂之，孰与制天命而用之？望时而待之，孰与应时而使之？因物而多之，孰与骋能而化之？思物而物之，孰与理物而勿失之也？愿于物之所以生，孰与有物之所以成？故错人而思天，则失万物之情”。 [27]见《性恶篇》。 [28]见《礼论篇》。 [29]见《性恶篇》。 [30]见《非相篇》，字句依本书所定的。 [31]见《非相篇》。 [32]见《正论篇》。 [33]见《正名篇》。这“作”字，王先谦引《礼记·哀公问》郑注“作犹变也”因释“作者，变也”，于义极合。 [34]见《解蔽篇》“人何以知道”一节。 [35]见《正名篇》。 [36]见东南大学南京高师国学研究会所出《国学丛刊》第二卷第二期。

目　录

劝　学

君子曰：学不可以已[1]。青，取之于蓝而青于蓝；冰，水为之而寒于水。木直中绳，輮[2]以为轮，其曲中规；虽有槁暴，不复挺者[3]，輮使之然也。故木受绳则直，金就砺则利，君子博学而日参[4]省乎己，则知明而行无过矣。故不登高山，不知天之高也；不临深溪，不知地之厚也；不闻先王之遗言，不知学问之大也。干、越、夷、貉[5]之子，生而同声，长而异俗，教使之然也。

《诗》[6]曰："嗟尔君子，无恒安息。靖共尔位，好是正直。神之听之，介尔景福。"[7]神莫大于化道，福莫长于无祸[8]。

吾尝终日而思矣，不如须臾之所学也。吾尝跂而望矣，不如登高之博见也[9]。登高而招，臂非加长也，而见者远；顺风而呼，声非加疾也，而闻者彰。假舆马者，非利足[10]也，而致千里；假舟楫者，非能水也，而绝江河[11]。君子生[12]非异也，善假于物也[13]。

南方有鸟焉，名曰"蒙鸠"[14]，以羽为巢，而编之以发，系之苇苕[15]。风至苕折，卵破子死。巢非不完也，所系者然也。西方有木焉，名曰"射干"[16]，茎长四寸，生于高山之上，而临百仞之渊。木茎非能长也，所立者然也。蓬生麻中，不扶而直；白沙在涅，与之俱黑。兰槐[17]之根是为芷，其渐之滫[18]，君子不近，庶人不服，其质非不美也，所渐者然也。故君子居必择乡，游必就士，所以防邪僻而近中正也。

物类之起，必有所始。荣辱之来，必象其德[19]。肉腐出虫，鱼枯生蠹。怠慢忘身，祸灾乃作。强自取〔柱〕折；柔自取束。邪秽在身，怨之所构。施薪若一，火就燥也。平地若一[20]，水就湿也。草木畴[21]生，禽兽群〔焉〕居，物各从其类也。是故质的[22]张而弓矢至焉，林木茂而斧斤至焉，树成荫而众鸟息焉，醯酸而蜹聚焉。故言有召祸也，行有招辱也，君子慎其所立[23]乎！

积土成山，风雨兴焉；积水成渊，蛟龙生焉；积善成德，而神明自得，圣心备焉[24]。故不积蹞步[25]，无以至千里；不积小流，无以成江海。骐骥一跃，不能十步；驽马十驾[26]，功在不舍。锲[27]而舍之，朽木不折；锲而不舍，金石可镂。螾[28]无爪牙之利，筋骨之强，上食埃土，下饮黄泉，用心一也。蟹〔六〕八跪[29]而二螯，非蛇蟺[30]之穴，无可寄托者，用心躁也。

是故无冥冥之志者，无昭昭之明；无惛惛之事者，无赫赫之功[31]。行衢卫道者不至[32]，事两君者不容。目不能两视而明，耳不能两听而聪。螣蛇[33]无足而飞，〔梧〕鼫鼠五技而穷[34]。

《诗》[35]曰："尸鸠在桑，其子七兮。淑人君子，其仪[36]一兮。其仪一兮，心如结兮[37]。"故君子结于一也。

昔者瓠巴鼓瑟而流鱼出听[38]，伯牙鼓琴而六马仰秣[39]。故声无小而不闻，行无隐而不形[40]。玉在山而〔草〕木润，渊生珠而崖不枯[41]。为善不积邪，安有不闻者乎[42]？

学恶乎始？恶乎终？曰：其数则始乎诵《经》，终乎读《礼》[43]；其义则始乎为士，终乎为圣人。真积力久则入，学至乎没而后止也[44]。故学数有终，若其义则不可须臾舍也。为之，人也；舍之，禽兽也。故《书》者，政事之纪也；《诗》者，中声之所止也[45]；《礼》者，法之大分、类[46]之纲纪也。故学至乎《礼》而止矣。夫是之谓道德之极。《礼》之敬文[47]也，乐之中和也，《诗》《书》之博也，《春秋》之微[48]也，在天地之间者毕矣。

君子之学也，入乎耳，箸[49]乎心，布乎四体，形乎动静。端而言，蝡而动，一可以为法则[50]。小人之学也，入乎耳，出乎口。口耳之间则四寸耳，曷足以美七尺之躯哉！古之学者为己，今之学者为人。君子之学也，以美其身；小人之学也，以为禽犊[51]。

故不问而告谓之〔傲〕躁；问一而告二谓之囋[52]。〔傲〕躁，非也，囋，非也，君子如向矣[53]。

学莫便乎近其人[54]。《礼》《乐》法而不说[55]，《诗》

《书》故而不切[56]，《春秋》约而不速[57]。方其人之习君子之说[58]，则尊以遍〔矣〕，周于世矣。故曰：学莫便乎近其人。学之经[59]莫速乎好其人，隆礼次之。上不能好其人，下不能隆礼，安特将学杂〔识〕志，顺《诗》《书》而已耳[60]。则末世穷年，不免为陋儒而已。将原先王，本仁义，则礼正其经纬蹊径也。若挈裘领，诎五指而顿[61]之，顺者不可胜数也。不道礼宪，以《诗》《书》为之[62]，譬之犹以指测河也，以戈舂黍也，以锥餐壶也[63]，不可以得之矣。故隆礼，虽未明，法士[64]也；不隆礼，虽察辩，散儒[65]也。

问楛者，勿告也；告楛者，勿问也；说楛[66]者，勿听也；有争气者，勿与辩也。故必由其道至，然后接之；非其道则避之。故礼恭而后可与言道之方；辞顺而后可与言道之理；色从而后可与言道之致[67]。故未可与言而言谓之傲；可与言而不言谓之隐；不观气色而言谓之瞽。故君子不傲，不隐，不瞽，谨顺其身。《诗》[68]曰："匪交匪舒[69]，天子所予"。此之谓也。

百发失一，不足谓善射；千里跬步不至，不足谓善御；伦类不通[70]，仁义不一[71]，不足谓善学。学也者，固学一之也[72]。一出焉，一入焉[73]，涂巷之人也。其善者少，不善者多，桀、纣、盗跖也。全之尽之[74]，然后学者也。

君子知夫不全不粹之不足以为美也，故诵数[75]以贯之，思索以通之，为其人以处之[76]，除其害者以持养之，使目非是无欲见也，使耳非是无欲闻也，使口非是无欲言也，使心非是无欲虑也[77]。及至其致好之也，目好之五色，耳好之五声，口好之五味，心利之有天下[78]。是故权利不能倾也，群众不能移也，天下不能荡[79]也。生乎由是，死乎由是，夫是之谓德操。德操然后能定。能定然后能应[80]。能定能应，夫是之谓成人。天〔见〕贵其明，地〔见〕贵其光[81]，君子贵其全[82]也。

---

[1]已：止。 [2]輮：通“揉”，使之曲。 [3]槁暴：枯干。暴：晒。挺：直。言虽枯干不能复直。 [4]参：同“三”。 [5]干、越：犹言吴、越。吴、干（本作邗）先为敌国，后干并于吴，吴一称干。夷：我国古代称东部的少数民族。貉：同“貊（mò）”，我国古代称东北的少数民族。 [6]《诗·小雅·小明》篇。 [7]靖：谋。共（gōng）：具。介：助。景：大。言能谋具其本分，好是正直之道，神而明之，听而从之，自能获得大福。 [8]为学则自化道，故神莫大焉；修身则自无祸，故福莫长焉。 [9]跂（qí）：踮着脚。博见：广见。 [10]利足：捷足。 [11]能：通“耐”。绝：直度。 [12]生：通“性”。 [13]言假于学。 [14]蒙鸠：鹪鹩。 [15]苕（tiáo）：苇的花。 [16]射干：一名“乌扇”，花白，茎长，如射人之执竿。本是草本。而曰“木”，单举之则草亦称木。射：音夜（yè）。 [17]兰槐：香草。 [18]渐（jiān）：渍染。滫（xiǔ）：溲，臭汁。 [19]象其德：言德修而荣归，

德荒而辱至。　[20]若一：犹言均平。布薪均平，则火就燥而尽焚之。　[21]畴：同“俦”，类。　[22]质：射侯。的：正鹄。　[23]所立：言学。　[24]言积善成德而通于神明，则圣心于是乎备。　[25]頣：同“跬”（kuǐ）。頣步：半步。[26]旦而受驾，至暮脱之，谓之一驾。十驾，十日之程也。言驽马十日行，亦可以及千里。　[27]锲（qiè)：刻。　[28]螾：同“蚓”。　[29]跪：足。　[30]蟺（shàn）：同“鳝”。[31]冥冥、惛惛：皆专默精诚之谓。　[32]四达谓之衢；但二达亦可谓之衢。此言“衢道”，意取二达，犹曰岐途。　[33]螣（téng）：古传为龙类，能兴云雾而游其中。　[34]言鼫鼠不能如螣蛇专一，虽具五技——能飞、能缘、能游、能穴、能走——而皆仅能之，无裨于其生，故穷。　[35]《诗·曹风·尸鸠》篇。　[36]仪：威仪。　[37]心如结：言用心坚固。[38]瓠巴：古之善鼓瑟者。流：通“游”。流鱼：游鱼。[39]伯牙：古之善鼓琴者。六马：古者天子路车之马，此处不过随意举之。仰秣：仰首食草，听其声。　[40]形：言形于外。　[41]枯：枯干也。　[42]言为善或不积耳，积则安有不闻于人者乎？　[43]数：术。经：谓《诗》《书》。礼：谓《曲礼》之属。　[44]真：诚。力：力行。言真积力久之功，始于入学，终于没世。　[45]《诗》：言乐章也。言《诗》所以节声音，至乎中和而止。　[46]类：谓礼法所无，触类引伸之条教。　[47]敬：主乎内者。文：致乎外者。　[48]微：谓褒贬劝惩之意，微而弥显。　[49]箸：同“著”。　[50]端：通“喘”，微言。蠕：微动。一：皆。　[51]禽犊：犹言禽兽，馈献之物。言小人之学，将以为酬世之具。 [52]囋（zá）：语声繁碎，多话。 [53]向：同“响”，言如响应声。 [54]言亲近贤师。 [55]言有大法而不详说。 [56]言但论故事而不委曲切近于人。 [57]言隐约而不能使人速晓其义。 [58]方：效。习：通“而”。言效法贤师，而习君子之说，则尊高而遍周于世事。 [59]经：道。 [60]安：或作“案”，《荀子》用此两字，或为语词，或作“则”字，此处盖语词也。特：直，犹言“但”。杂志：杂记之书，百家之说。顺：顺诵其文，记诵教条。 [61]顿：引。言提挈裘领，屈五指而引之，则全裘之毛皆顺。 [62]道：由。言作事不由礼法，而以《诗》《书》为之，则不可以得之。 [63]古人贮食以壶。以锥餐壶，言以锥代箸也。 [64]法士：好礼法之士。 [65]散儒：不自检束，无礼法之儒。 [66]器物滥恶者谓之“楛”，此处盖言恶。 [67]色从：心诚服而貌自顺从也。致：极，最高的境界。 [68]《诗经·小雅·采菽》语。 [69]交：通“姣”，侮也。言不侮慢，不怠缓。 [70]言礼法所未该者，不能以其等伦比类而求其通。 [71]言于仁义不能造次不离。 [72]言一于道。 [73]言或善或否。 [74]之：谓善。 [75]诵数：犹诵说。 [76]言自为其人，身体而力行之。 [77]四“是”字，谓正道。 [78]致：极点。四“之”字并犹“于”字。目好于五色，耳好于五声，口好于五味，心利于有天下，言所得于学者深，他物不足以尚之。 [79]荡：动。 [80]应：应物。 [81]光：通“广”，古通用。 [82]全：即上所云“全之尽之”。

非　相

相人，古之人无有也[1]，学者不道也。古者有姑布子卿[2]，今之世，梁有唐举[3]，相人之形状颜色而知其吉凶妖祥，世俗称之。古之人无有也，学者不道也。

故相形不如论心，论心不如择术[4]。形不胜心，心不胜术。术正而心顺之，则形相虽恶而心术善，无害为君子也；形相虽善而心术恶，无害为小人也。君子之谓吉，小人之谓凶。故长短、小大、善恶形相，非吉凶也。古之人无有也，学者不道也。

盖帝尧长，帝舜短，文王长，周公短，仲尼长，子弓[5]短。昔者卫灵公有臣曰公孙吕，身长七尺，面长三尺，焉[6]广三寸，鼻目耳具[7]，而名动天下。楚之孙叔敖，期思[8]之鄙人也，突秃长左，轩较之下，而以楚霸[9]。叶公子高[10]，微小短瘠，行若将不胜其衣。然白公之乱[11]也，令尹子西、司马子期皆死焉[12]；叶公子高入据楚，诛白公，定楚国，如反手尔，仁义功名〔善〕盖于后世。故事不揣长，不揳大，不权〔轻〕重，亦将志乎尔[13]。长短、小大、美恶形相，岂论也哉！且徐偃王之状，目可瞻焉[14]；仲尼之状，面如蒙倛[15]；周公之状，身如断菑[16]；皋陶之状，色如削瓜[17]；

闳夭之状，面无见肤[18]；傅说之状，身如植鳍[19]；伊尹之状，面无须麋[20]；禹跳[21]，汤偏[22]，尧、舜参牟子[23]。从者[24]将论志意，比类文学邪？直将差[25]长短，辨美恶，而相欺傲邪？

古者桀、纣长巨姣美，天下之杰也；筋力越[26]劲，百人之敌也。然而身死国亡，为天下大僇，后世言恶则必稽焉[27]。是非容貌之患也，闻见之不众，论议之卑尔。今世俗之乱君[28]，乡曲之儇子[29]，莫不美丽姚冶[30]，奇衣妇饰，血气态度拟于女子；妇人莫不愿得以为夫，处女莫不愿得以为士[31]，弃其亲家而欲奔之者，比肩并起。然而中君羞以为臣，中父羞以为子，中兄羞以为弟，中人羞以为友，俄则束乎有司而戮乎大市，莫不呼天啼哭，苦伤其今而后悔其始。是非容貌之患也，闻见之不众，论议之卑尔。然则从者将孰可也？

人有三不祥：幼而不肯事长，贱而不肯事贵，不肖而不肯事贤，是人之三不祥也。人有三必穷：为上则不能爱下，为下则好非其上，是人之一必穷也；乡则不若，偝则谩之[32]，是人之二必穷也；知行浅薄，曲直有以相县矣[33]，然而仁人不能推，知士不能明[34]，是人之三必穷也。人有此〔三〕数行者，以为上则必危，为下则必灭。《诗》[35]曰：“雨雪瀌瀌，宴然聿消[36]。莫肯下隧，式居屡娇[37]。”此之谓也。

人之所以为人者，何已也[38]？曰：以其有辨也。饥而欲食，寒而欲暖，劳而欲息，好利而恶害，是人之所生而有也，是无待而然者也，是禹、桀之所同也。然则人之所以为人者，非特以二足而无毛也，以其有辨也。今夫狌狌[39]形〔笑〕相，亦二足而无毛也。然而君子啜其羹，食其胾[40]。故人之所以为人者，非特以其二足而无毛也，以其有辨也。夫禽兽有父子而无父子之亲，有牝牡而无男女之别。故人道莫不有辨。

辨莫大于分，分莫大于礼，礼莫大于圣王。圣王有百，吾孰法焉？〔故〕曰：文久而〔息〕灭，节族久而绝[41]，守法数之有司，极〔礼〕而褫[42]。故曰：欲观圣王之迹，则于其粲然[43]者矣，后王[44]是也。彼后王者，天下之君也。舍后王而道上古，譬之是犹舍己之君而事人之君也。故曰：欲观千岁则数今日，欲知亿万则审一二，欲知上世则审周道，欲知周道则审其人所贵君子[45]。故曰：以近知远，以一知万，以微知明。此之谓也。

夫妄人曰："古今异情，其所以治乱者异道。"而众人惑焉。彼众人者，愚而无说，陋而无度者也[46]。其所见焉，犹可欺也，而况于千世之传[47]也！妄人者，门庭之间，犹可诬欺也，而况于千世之上乎！

圣人何以不欺？曰：圣人者，以己度者也。故以人度人，以情度情，以类度类[48]，以说度功[49]，以道观尽[50]。古今一〔度〕也。度类不悖[51]，虽久同理。故乡乎邪曲而不迷，观乎杂物而不惑，以此度之。

五帝[52]之外无传人，非无贤人也，久故也。五帝之中无传政，非无善政也，久故也。禹、汤有传政而不若周之察也，非无善政也，久故也。传者久则〔论〕俞[53]略，近则〔论〕俞详，略则举大，详则举小。愚者闻其略而不知其详，闻其〔详〕小而不知其大也，是以文久而灭，节族久而绝。

凡言不合先王，不顺礼义，谓之奸言，虽辩，君子不听。法先王，顺礼义，党学者[54]，然而〔不〕好〔言〕善不乐言，则必非诚士也[55]。故君子之于〔言〕善也，志好之，行安之，乐言之。故君子必辩。

凡人莫不好言其所善，而君子为甚。故赠人以言，重于金石珠玉；〔观〕劝人以言，美于黼黻、文章；听人以言[56]，乐于钟鼓、琴瑟。故君子之于言无厌。

鄙夫反是，好其实，不恤其文[57]，是以终身不免埤污庸俗[58]。故《易》[59]曰："括囊，无咎无誉。"[60]腐儒之谓也。

凡说[61]之难，以至高遇至卑，以至治接至乱，未可直至也[62]，远举则病缪，近〔世〕举则病庸[63]。善者于是间也[64]，亦必远举而不缪，近〔世〕举而不庸，与时迁徙，与世偃仰，缓急嬴绌[65]，府然若〔渠〕梁匽、檃栝之于己也[66]。曲得所谓焉，然而不折伤[67]。

故君子之度己则以绳，接人则用枻[68]。度己以绳，故足以为天下法则矣。接人用枻，故能〔宽〕容〔因求〕众以成天下之大事矣。故君子贤而能容罢[69]，知而能容愚，博而能容浅，粹而能容杂，夫是之谓兼术。《诗》[70]曰："徐方既同，天子之功。"[71]此之谓也。

谈说之术：矜庄以莅之，端诚以处之，坚强以持之，分别以喻之，譬称以明之，欣欢芬芗以送之，宝之，珍之，贵之，神之[72]。如是则说常无不受。虽不说[73]人，人莫不贵。夫是之谓为能贵其所贵。传曰："唯君子为能贵其所贵。"此之谓也。

君子必辩。凡人莫不好言其所善，而君子为甚焉。是以小人辩言险而君子辩言仁也；言而非仁之中也，则其言不若其默也，其辩不若其呐[74]也；言而仁之中也，则好言者上矣，不好言者下也。故仁言大矣。起于上所以道于下，正令是也[75]；起于下所以忠于上，〔谋〕谏救是也。故君子之行仁也无厌。志好之，行安之，乐言之，故〔言〕君子必辩。小辩不如见端[76]，见端不如〔见〕本分[77]。小辩而察，见端而明，本分而理，圣人士君子之分具矣。

有小人之辩者，有士君子之辩者，有圣人之辩者。不先虑，不早谋，发之而当，成文而类[78]，居错迁徙[79]，应变不穷，是圣人之辩者也。先虑之，早谋之，斯须之言而足听[80]，文而致实，博而党正[81]，是士君子之辩者也。听其言则辞辩而无统，用其身则多诈而无功，上不足以顺明王，下不足以和齐百姓，然而口舌之均，噡唯则节[82]，足以为奇伟偃却之属[83]，夫是之谓奸人之雄。圣王起，所以先诛也，然后盗贼次之。盗贼得变[84]，此不得变也。

---

[1]相人：擅相术之人也。下言“古者有姑布子卿”，是古明有相人矣。而荀子以为无有者，世俗所称，学者不道，故虽有直以为无有耳。　[2]姑布，姓，子卿，名。东周时相赵襄子者。据《韩诗外传》，则其人曾相孔子。　[3]唐举：战国时相李兑、蔡泽者。　[4]术：道术。言论心不如审其躬自践履。[5]子弓：孔子弟子仲弓。　[6]焉：通“颜”，额。　[7]言如是狭长之面，鼻目耳皆具。　[8]期思：楚邑。今河南淮滨县东南。　[9]突秃：头顶秃。长左：左脚长也。轩：曲辀而有藩蔽之车。较（jiào）：两旁有可凭倚之车。言孙叔敖貌丑若是，周旋乎轩较之间，不劳甲兵，而能以楚霸。　[10]叶（yè）公：楚大夫沈尹戌之子，食邑于叶，名诸梁，子高乃字。[11]白公：楚太子建之子，平王之孙。作乱事见《左氏传》哀公十六年。　[12]子西：楚平王子公子申。子期：亦平王子，即公子结。二人皆为白公所杀。　[13]事：通“士”。揣：度。揳：同“絜”，约。将：且。志：有志于上所称之圣贤。言士不以相论，故不揣摩长短大小轻重，亦且有志于彼数圣贤。

[14]徐：国名，僭称王，古传其有筋而无骨，故曰偃王，周穆王使楚诛之。可：仅可之词。言偃王不能起观细物，直望仅可见马。 [15]倛（qī）：假面也。蒙倛：戴假面。 [16]菑：同“椔”，已枯而直立之木。断菑：言其状如断折之枯干。 [17]言如削皮之瓜，为青绿色。 [18]闳夭：文王臣。面无见肤：言多鬓髯蔽其肤。 [19]鳍植立于鱼背，特隆起，此以状傅说之背偻。 [20]麋：同“眉”。 [21]言禹腿瘸，举步如跳。 [22]言汤半身不遂。 [23]参：同“三”。牟子：即眸子。 [24]从者：犹言学者。 [25]差：比。 [26]越：本作“娍”，轻。 [27]僇：通“戮”，杀戮。稽：考也。言后世言恶，必稽考桀、纣以为证。 [28]按下文云“中君羞以为臣”，则此不应言“君”，疑当作“世俗之乱民”。 [29]儇（xuān）：轻薄巧慧。 [30]姚：美好貌。冶：妖娆。 [31]士：男子未娶之称。 [32]乡：同“向”。若：顺。偝（bèi）：背之也。谩（màn）：轻慢，没有礼貌。言向既不顺，背又谩之。 [33]县：同“悬”。曲直：犹能否。有：同“又”。言其能否与人又相悬远。 [34]明：尊；古者多谓尊为“明”。言不能推重仁人，尊崇知士。 [35]《诗经·小雅·角弓》。 [36]瀌（biāo），盛貌。宴然：曣晛之省文（宴、燕古通用），暖。聿：助词。言雨雪至盛，经暖而消。 [37]隧：同“坠”。式：助词。言小人莫肯降下引退，如雪之经暖而消，彼方居其位而屡以骄人。 [38]已：助词。何已：犹言何。 [39]狌狌：同“狸狸”。 [40]胾（zì）：切成的大块肉。 [41]文：礼文。族：聚；节族：即“节奏”。此

指礼言之。 [42]法：即礼；法数：即礼教。极：疲极。褫（chǐ）：弛。言有司守礼教，疲极而废弛。 [43]粲然：明白之貌。 [44]后王：近世之王。 [45]所贵君子：言其人所宗仰，一代兴创制显庸之人。 [46]言其愚陋而不能辩说测度。 [47]传：传闻。 [48]类：法也。言触类而长。 [49]言以言说度其功业。 [50]尽：言理之穷极。 [51]言能度类必无乖悖。 [52]五帝：传说中的黄帝、颛顼（zhuān xū）、帝喾、唐尧、虞舜。 [53]俞：通“愈”。 [54]党：晓。当时楚之方言。言出言可以晓悟学者。 [55]好善不乐言：好之而不乐言其善。诚士：至诚好善之士。 [56]言告人以言，使听之。 [57]言但好其质而不知文饰。 [58]埤：通“卑”，低下。 [59]《易·坤卦》六四爻辞。 [60]括囊：言结囊口而不出。缄闭如是，故无咎亦无誉。 [61]说（shuì）：游说。 [62]未可直至：难直达目的。 [63]缪（miù）：通“谬”，荒谬。言远举上世之事则患缪妄，下举近世之事则患庸鄙。 [64]言善说者当其际。 [65]嬴：通“赢”；绌：通“屈”。嬴绌：犹言伸屈。 [66]府：同“俯”，就物之貌。梁、匽：（匽，通“偃”，偃，即“堰”字）均阻水之堤。檃栝：正木曲之器。言梁、匽所以制水，檃栝所以制木，君子制人，亦犹此。 [67]言委曲得其意之所谓，然而不以是折伤其身。 [68]拽：当为“枻”。枻，檠枻，正弓弩之器。言君子正己则以绳墨，接人则如檠枻之正弓弩。 [69]罢（pí）：言不贤无行者。 [70]《诗经·大雅·常武》。 [71]徐：古国名，故城在今安徽泗县北。言君子容物，亦犹天子之同徐方。　[72]芬芗：和气。言对于谈说，宜欣欢和调以将之。　[73]说：通“悦”。　[74]呐：同“讷”。　[75]道：同“导”。正令：政令。　[76]小辩：言辩说小事。见端：见端首。　[77]本分：言本其一定之分。　[78]言成文理而不失其类。　[79]居：通“举”。言举动、措置及迁徙。　[80]斯须：须臾，一会儿。言斯须发言，已可听。　[81]党：类。言文饰而能致其实，广博而能类乎正。　[82]之：犹“则”。噡：通“詹”，小辩。唯：唯诺。言口舌则调均，或辩或唯则皆中节。　[83]奇伟：夸大。偃却：犹偃仰，即偃蹇。言奸人口辩，适足以自夸大偃蹇而已。　[84]变：言教而化之。

非十二子

假今之世[1]，饰邪说，文奸言，以〔枭〕浇乱天下，矞宇嵬琐[2]，使天下混然不知是非治乱之所存者有人矣。

纵情性，安恣睢[3]，禽兽行，不足以合文通治；然而其持之有故，其言之成理，足以欺惑愚众，是它嚣、魏牟[4]也。

忍情性，綦谿利跂[5]，苟以分异人为高[6]，不足以合大众，明大分[7]；然而其持之有故，其言之成理，足以欺惑愚众，是陈仲、史䲡[8]也。

不知壹天下，建国家之权称，上功用，大俭约，而僈差等[9]，曾不足以容辨异、县君臣[10]；然而其持之有故，其言之成理，足以欺惑愚众，是墨翟、宋钘[11]也。

尚法而无法，〔下修〕不循而好作[12]，上则取听于上，下则取从于俗[13]，终日言成文典，反紃[14]察之，则倜然[15]无所归宿，不可以经国定分；然而其持之有故，其言之成理，足以欺惑愚众，是慎到、田骈[16]也。

不法先王，不是礼义[17]，而好治怪说，玩琦[18]辞，甚察而不〔惠〕急[19]，辩而无用，多事而寡功，不可以为治纲纪；然而其持之有故，其言之成理，足以欺惑愚众，是惠施、邓析[20]也。

略法先王而不知其统，〔犹〕然而犹材剧志大，闻见杂博，案往旧造说，谓之五行[21]，甚僻违而无类[22]，幽隐而无说，闭约而无解，案饰其辞而祗敬之曰：“此真先君子之言也。”子思唱之，孟轲和之[23]，世俗之沟〔犹〕瞀[24]儒，讙讙然[25]不知其所非也，遂受而传之，以为仲尼、子〔游〕弓为兹厚于后世[26]，是则子思、孟轲之罪也。

若夫总方略，齐言行，壹统类，而群[27]天下之英杰，而告之以大〔古〕道，教之以至顺；奥窔之间[28]，簟席之上，〔敛〕歙然圣王之文章具焉，佛然平世之俗起焉[29]；六说者不能入也，十二子者不能亲也；无置锥之地，而王公不能与之争名，在一大夫之位，则一君不能独畜，一国不能独容[30]，成名况乎诸侯[31]，莫不愿以为臣，是圣人之不得势者也，仲尼、子弓是也。

一天下，财[32]万物，长养人民，兼利天下，通达之属[33]，莫不从服；六说者立息，十二子者迁化[34]，则圣人之得势者，舜、禹是也。

今夫仁人也，将何务哉？上则法舜、禹之制，下则法仲尼、子弓之义，以务息十二子之说。如是则天下之害除，仁人之事毕，圣王之迹著矣。

信信，信也；疑疑，亦信也。贵贤，仁也；贱不肖，亦仁也。言而当，知也；默而当，亦知也。故知默犹知言也。故多言而类，圣人也；少言而法，君子也；多少无法而流湎[35]然，虽辩，小人也。

故劳力而不当民务，谓之奸事；劳知而不律[36]先王，谓之奸心；辩说譬谕、齐给便利[37]而不顺礼义，谓之奸说。此三奸者，圣王之所禁也。

知而险[38]，贼而神[39]，为[40]诈而巧，〔言〕无用而辨[41]，〔辩〕不〔惠〕急而察，治之大殃也。行辟[42]而坚，饰非而好[43]，玩奸而泽[44]，言辩而逆，古之大禁也。知而无法，勇而无惮，察辩而操僻，淫大而用〔之〕乏[45]，好奸而与众[46]，利足而迷[47]，负石而坠[48]，是天下之所弃也。

兼服天下之心：高上尊贵不以骄人，聪明圣知不以穷人，齐给速通不争先人，则毅勇敢不以伤人；不知则问，不能则学，虽能必让，然后为德。遇君则修臣下之义，遇乡[49]则修长幼之义，遇长则修子弟之义，遇友则修礼节辞让之义，遇贱而少者则修告导宽容之义。无不爱也，无不敬也，无与人争也，恢然如天地之苞[50]万物，如是则贤者贵之，不肖者亲之。如是而不服者，则可谓訞[51]怪狡猾之人矣，虽则子弟之中，刑及之而宜。《诗》[52]云："匪上帝不时[53]，殷不用旧。虽无老成人，尚有典刑[54]。曾是莫听[55]，大命以倾。"此之谓也。

古之所谓〔士〕仕士[56]者，厚敦者也，合群者也，乐〔富〕可贵者也[57]，乐分施者也[58]，远罪过者也，务事理者也[59]，羞独富者也。今之所谓〔士〕仕士者，污漫者也，贼乱者也，恣睢者也，贪利者也，触抵者也[60]，无礼义而唯权势之嗜者也。

古之所谓处士[61]者，德盛者也，能静者也[62]，修正者也，知命者也，箸〔是〕定者也[63]。今之所谓处士者，无能而云能者也，无知而云知者也[64]，利心无足而佯无欲者也，行伪险秽而强高言谨悫者也，以不俗为俗[65]，离纵而〔跂〕毁訾者也[66]。

士君子之所能不能为：君子能为可贵[67]，不能使人必贵己；能为可信，不能使人必信己；能为可用[68]，不能使人必用己。故君子耻不修，不耻见污；耻不信，不耻不见信；耻不能，不耻不见用。是以不诱于誉，不恐于诽，率道而行，端然正己，不为物倾侧，夫是之谓诚君子。《诗》[69]云："温温恭人[70]，维德之基。"此之谓也。

士君子之容：其冠进[71]，其衣逢[72]，其容良，俨然，壮然，祺然，蕼然，恢恢然，广广然，昭昭然，荡荡然[73]，是父兄之容也。其冠进，其衣逢，其容悫，俭然，恀然，辅然，端然，訾然，洞然，缀缀然，瞀瞀然[74]，是子弟之容也。

吾语汝学者之嵬容[75]：其冠〔绕〕俛，其缨禁缓[76]，其容简连[77]；填填然，狄狄然，莫莫然，瞡瞡然，瞿瞿然，尽尽然，盱盱然[78]，酒食声色之中则瞒瞒然，瞑瞑然[79]；礼节之中则疾疾然，訾訾然[80]；劳苦事业之中则儢儢然，离离然[81]，偷儒[82]而罔，无廉耻而忍謑询[83]，是学者之嵬也。

弟佗[84]其冠，神禫[85]其辞，禹行而舜趋，是子张氏之贱儒也。正其衣冠，齐其颜色，嗛然[86]而终日不言，是子夏氏之贱儒也。偷儒惮事，无廉耻而耆饮食，必曰君子固不用力，是子游氏之贱儒也[87]。

彼君子则不然，佚而不惰，劳而不侵[88]，宗原[89]应变，曲得其宜。如是，然后圣人也。

---

[1]今之世：指战国时期。言假如今之世。　[2]矞：同“谲”。宇：通“讦”。矞宇：犹言谲诡，即怪诞。嵬琐：犹言委琐。嵬、委声近，故相通借。　[3]恣睢：放纵暴戾。言不足以合于礼文，通于治道。　[4]它嚣：不详何代人。魏牟：魏之公子，约与庄子同时。　[5]綦：极。谿：有“深”义。利：同“离”。跂：踮着脚。言极深至刻，离世独立。　[6]言苟求别异于人以为高行。　[7]大分：礼。　[8]陈仲：齐人，处於陵，不食兄禄，辞富贵，为人灌园，号曰“於陵仲子”；孟子尝识之。史鳝：卫大夫。　[9]上：同“尚”。大：以此为大。優：轻视，轻慢。　[10]容辨异：言于其间有所分别。县：同“悬”。县君臣：言无君以制臣，无上以制下。　[11]墨翟：

鲁人，其生后于孔子五六十年。宋钘（xíng）：宋人，与孟子同时。 [12]言明言尚法而已实无法，不循旧则而好事创作。 [13]取听、取从：言能使上下皆听从之。 [14]纠：同“循”。反纠：犹反复。 [15]倜然：疏远貌。 [16]慎到：赵人，时代先于申、韩。本黄、老之术，明不尚贤不使能之道。田骈：齐人，其学本黄、老，大归名、法。 [17]言不以礼义为是。 [18]琦：通“奇”。 [19]言甚察而不急于用。 [20]惠施：梁相，与庄子同时。邓析：郑大夫，好刑名，操两可之说，设无穷之辞。 [21]案：考，推求。往旧：往古。造说：臆造而为说。五行：即五常，仁、义、礼、智、信。 [22]僻违：邪僻。类：法。言邪僻而无法。 [23]子思：孔子之孙，名伋。孟轲，邹人，字子舆。 [24]沟瞀（mào）：愚暗。 [25]讙讙（huān）然：喧嚣之貌。 [26]厚：重。言俗儒以为仲尼、子弓之道，因子思、孟子而见重于后世。 [27]群：会合。 [28]室西南隅谓之“奥”，东南隅谓之“窔”（yào）。言不出于堂室。 [29]歙然：聚集貌。佛：通“勃”；佛然：兴起貌。 [30]言当世不知其贤，仅使居大夫之位，则旋即舍去，故无一君一国能畜之容之。 [31]成：与“盛”通；成名：即盛名。况：赐。言以盛名为诸侯赐。大贤所至，莫不以为荣幸，若受其赐然。 [32]财：成。 [33]言舟车所至，人力所通者。 [34]言迁其道而从化。 [35]流：通“沉”。沉湎，溺而不返，状其无法度。 [36]律：法。 [37]齐：疾。给：急。便利：亦谓言辞敏捷。 [38]言知巧而险恶。 [39]言贼害于物而机变若鬼神。 [40]为：通“伪”。 [41]此“辩”

字非辩说，盖与智慧同义。 [42]辟：通“僻”。 [43]言其文饰非礼而美好。 [44]言玩弄奸巧而使有润泽也（不留痕迹）。 [45]大：通“汰”。淫汰：骄侈过甚。言淫汰而财用匮乏。 [46]言好奸而党与众多。 [47]利足：捷足。言捷足而迷，失途愈远。 [48]负石：负重。言没水愈深。 [49]遇乡：在乡党之中。 [50]苞：同“包”。 [51]祆：同“妖”。 [52]《诗经·大雅·荡》。取此以喻奸人之归结。 [53]时：是。言非上帝之不是。 [54]典刑：常规故法。刑：通“型”。 [55]言此而曾莫能听用。 [56]仕士：出仕之士。 [57]可贵：盖指道。言乐其道。 [58]分施：均遍而不偏。 [59]言务使事有条理。 [60]言触犯罪过。 [61]处士：不仕者。 [62]能静：言安时处顺。 [63]言有定守，不流移。 [64]云能、云知：自言其能、自言其知。 [65]言以不合俗人自为其俗。 [66]言离俗放纵，以毁訾世人自高。 [67]可贵：谓道德。 [68]可用：谓才能。 [69]《诗经·大雅·抑》。 [70]温温：宽柔貌。恭人：恭敬之人。 [71]进：通“峻”，音近通用，高。 [72]逢：宽大。 [73]俨然：矜庄貌。壮然：不可犯貌。祺：吉祥；祺然：言安泰不忧惧貌。蕼：当为“肆”；蕼然：言宽舒貌。恢恢、广广：皆宽大容众貌。昭昭：明显貌。荡荡：坦夷貌。 [74]俭然：自卑谦貌。恀（shì）：为“姼”（shí）之假字；恀然：好貌。辅然：相亲附貌。端然：不倾倚貌。訾：同“孳”；訾然：柔弱貌。洞然：恭敬貌。缀缀然：不乖离貌。瞀瞀（mào）然：不敢正视貌。 [75]嵬容：怪异之容。

[76]缨：系冠的带子。禁：通“紟”，腰带。缓：宽松。言其缨大如带而缓。 [77]简连：傲慢不前貌。 [78]填填然：满足貌。狄：同“逖”，远，言疏散貌。莫：大，言矜大貌。瞡瞡（guī）：自得貌。瞿瞿然：左右顾望貌。尽尽然：极视尽物貌。盱盱（xū）然：张目直视貌。 [79]瞒瞒然：闭目貌。瞑瞑然：视不审貌。 [80]瘠瘠然：憎疾貌。訾訾然：毁訾貌。[81]傀傀、离离：均谓不耐烦苦，懒散疏脱貌。 [82]儒：通“懦”。 [83]谿（xǐ）：诟骂。询：通“诟”。谿询：辱骂。 [84]弟佗：帽子戴得歪歪斜斜，颓唐之貌。 [85]神禫：当为“冲澹”，言其言淡薄。 [86]嗛（xián）：口有所衔也。言缄默。 [87]耆：同“嗜”。三言“贱儒”，盖谓若其人者，虽列子张、子夏、子游之门，而不免可贱。 [88]言虽逸而不懈惰，虽劳而不弛慢。 [89]言以本原为宗。

儒　效

大儒之效[1]：武王崩，成王幼，周公屏成王而及武王[2]，以属天下[3]，恶天下之倍[4]周也。履天下之籍[5]，听天下之断，偃然[6]如固有之，而天下不称贪焉；杀管叔，虚[7]殷国，而天下不称戾焉；兼制天下，立七十一国，姬姓独居五十三人，而天下不称偏焉。教诲开导成王，使谕于道，而能掩迹[8]于文、武。周公归周[9]，反籍于成王，而天下不辍事周，然而周公北面而朝之。天子也者，不可以少当也[10]，不可以假摄为也[11]。能则天下归之，不能则天下去之，是以周公屏成王而及武王，以属天下，恶天下之离周也。成王冠，成人，周公归周反籍焉，明不灭主之义也。周公〔无天下矣〕乡[12]有天下，今无天下，非擅也[13]；成王乡无天下，今有天下，非夺也，变势次序，节然也[14]。故以枝[15]代主而非越也，以弟诛兄[16]而非暴也，君臣易位而非不顺也。因天下之和，遂文、武之业，明枝主之义，抑亦变化矣，天下厌然[17]犹一也。非圣人莫之能为。夫是之谓大儒之效。

秦昭王问孙卿子[18]曰："儒无益于人之国？"

孙卿子曰："儒者法先王，隆礼义，谨乎臣子而致贵其上者也[19]。人主用之，则势在本朝而宜[20]；不用，则退编百姓而悫。必为顺下矣。虽穷困冻馁[21]，必不以邪道为贪。无置锥之地，而明于持社稷之大义。呜呼而莫之能应[22]，然而通乎财[23]万物，养百姓之经纪。势在人上[24]，则王公之材也；在人下，则社稷之臣、国君之宝也。虽隐于穷阎漏屋[25]，人莫不贵，〔之〕贵道诚存也[26]。

“仲尼将为司寇，沈犹氏不敢朝饮其羊，公慎氏出其妻，慎溃氏逾境而徙，鲁之粥牛马者不豫贾[27]。〔必蚤〕脩正以待之也[28]。居于阙党，阙党之子弟罔不[29]分，有亲者取多，孝弟以化之也。儒者在本朝则美政，在下位则美俗，儒之为人下如是矣。”

王曰：“然则其为人上何如？”

孙卿曰：“其为人上也广大矣：志意定乎内，礼节修乎朝，法则度量正乎官[30]，忠信爱利形[31]乎下，行一不义、杀一无罪而得天下，不为也。此〔君〕若义[32]信乎人矣，通于四海，则天下应之如讙[33]。是何也？则贵名白[34]而天下治也。故近者歌讴而乐之，远者竭蹶[35]而趋之，四海之内若一家，通达之属[36]莫不从服，夫是之谓人师。《诗》[37]曰：‘自西自东，自南自北，无思不服。’此之谓也。

“夫其为人下也如彼，其为人上也如此，何谓其无益于人之国也？”

昭王曰：“善。”

先王之道，仁之隆也，比中而行之[38]。曷谓中？曰：礼义是也。道者，非天之道，非地之道，人之所以道也，君子之所道也[39]。

君子之所谓贤者，非能遍能人之所能之谓也；君子之所谓知者，非能遍知人之所知之谓也；君子之所谓辩者，非能遍辩人之所辩之谓也；君子之所谓察者，非能遍察人之所察之谓也；有所〔正〕止矣[40]。相高下，视墝肥，序五种[41]，君子不如农人；通财货，相美恶，辩贵贱，君子不如贾人；设规矩，陈绳墨，便备用[42]，君子不如工人；不恤是非然不〔然〕之情[43]，以相荐撙，以相耻怍[44]，君子不若惠施、邓析。若夫〔谪〕譎德而定次[45]，量能而授官，使贤不肖皆得其位，能不能皆得其官，万物得其宜，事变得其应，慎、墨不得进其谈，惠施、邓析不敢窜其察[46]，言必当理，事必当务，是然后君子之所长也。

凡事行，有益于理者立之；无益于理者废之。夫是之谓中[47]事。凡知说，有益于理者为之；无益于理者舍之。夫是之谓中说。事行失中谓之奸事，知说失中谓之奸道。奸事奸道，治世之所弃，而乱世之所从服也。

若夫充虚之相施易也[48]，坚白、同异之分隔也[49]，是聪耳之所不能听也，明目之所不能见也，辩士之所不能言也，虽有圣人之知，未能偻指也[50]。不知无害为君子，知之无损为小人。工匠不知无害为巧，君子不知无害为治。王公好之则乱法，百姓好之则乱事。而狂惑戆陋之人，乃始率其群徒，辩其谈说，明其辟称[51]，老身长子[52]，不知恶也。

夫是之谓上愚。曾不如相鸡狗之可以为名也。《诗》[53]曰："为鬼为蜮，则不可得。有靦面目，视人罔极。作此好歌，以极反侧。"[54]此之谓也。

我欲贱而贵，愚而智，贫而富，可乎？

曰：其唯学乎。彼学者，行之，〔曰〕士也[55]；敦慕焉[56]，君子也；知之[57]，圣人也。上为圣人，下为士君子，孰禁我哉！乡也，混然涂之人也，俄而[58]并乎尧、禹，岂不贱而贵矣哉！乡也，效[59]门室之辨，混然曾不能决也，俄而原仁义，分是非，〔图〕圓回[60]天下于掌上而[61]辩白黑，岂不愚而知矣哉！乡也，胥靡之人[62]，俄而治天下之大器举[63]在此，岂不贫而富矣哉！今有人于此，屑然藏千溢之宝[64]，虽行貣[65]而食，人谓之富矣。彼宝也者，衣之不可衣也，食之不可食也，卖之不可偻售也。然而人谓之富，何也？岂不大富之器诚在此也？是杅杅[66]亦富人已，岂不贫而富矣哉！故君子无爵而贵，无禄而富，不言而信，不怒而威，穷处而荣，独居而乐，岂不至尊、至富、至重、至严之情举积此哉！

故曰：贵名[67]不可以比周[68]争也，不可以夸诞有也，不可以势重协[69]也，必将诚此然后就也。争之则失，让之则至，遵〔道〕遁则积[70]，夸诞则虚[71]。故君子务修其内而让之于外，务积德于身而处之以遵〔道〕遁。如是，则贵名起如日月，天下应之如雷霆。故曰：君子隐而显，微而明，辞让而胜。《诗》[72]曰："鹤鸣于九皋[73]，声闻于天。"此之谓也。鄙夫反是。比周而誉俞少[74]，鄙争而名俞辱，烦劳以求安利，其身俞危。《诗》[75]曰："民之无良，相怨一方[76]。受罚不让，至于己斯亡[77]。"此之谓也。

故能小而事大，辟之是犹力之少而任重也，舍粹[78]折无适也。身不肖而诬贤，是犹伛〔伸〕身而好升高也，指其顶[79]者愈众。故明主谲[80]德而序位，所以为不乱也；忠臣诚能然后敢受职，所以为不穷也。分不乱于上，能不穷于下，治辩[81]之极也。《诗》[82]曰："平平左右，亦是率从。"[83]是言上下之交不相乱也。

以从俗为善，以货财为宝，以养生[84]为己至道，是民德也[85]。行法至坚[86]，不以私欲乱所闻，如是，则可谓劲士矣。行法志坚，好修正其所闻以桥饰其情性[87]；其言多当矣而未〔谕〕论[88]也，其行多当矣而未安也，其知虑多当矣而未周密也；上则能大其所隆[89]，下则能开道不己若者，如是，则可谓笃厚君子矣。修百王之法若辨白黑，应当时之变若数一二；行礼要节而安之若〔生〕运四枝[90]，要时立功之巧若诏四时[91]；平正和民之善，亿万之众而〔博〕搏[92]若一人，如是，则可谓圣人矣。

井井兮其有理也[93]，严严[94]兮其能敬己也，〔分分〕介介[95]兮其有终始也，厌厌[96]兮其能长久也，乐乐兮其执道不殆也[97]，炤炤[98]兮其用知之明也，修修兮其〔用〕统类之行也[99]，绥绥[100]兮其有文章也，熙熙兮其乐人之臧也[101]，隐隐[102]兮其恐人之不当也，〔如是则曷谓一？曰：可谓圣人矣。〕此其道出乎一。曷谓一？曰执神而固。曷谓神？曰：尽善挟[103]治之谓神。曷谓固？曰：万物莫足以倾之之谓固。神固之谓圣人。

圣人也者，道之管也[104]。天下之道管是矣，百王之道一是矣。故《诗》《书》《礼》《乐》之道归是矣。《诗》言是，其志也；《书》言是，其事也；《礼》言是，其行也；《乐》言是，其和也；《春秋》言是，其微[105]也。故《风》之所以为不逐[106]者，取是以节之也；《小雅》之所以为《小雅》者，取是而文之也；《大雅》之所以为《大雅》者，取是而光[107]之也；《颂》之所以为至者，取是而通之也，天下之道毕是矣。乡是者臧，倍是者亡[108]。乡是如不臧，倍是如不亡者，自古及今，未尝有也。

客有道曰："孔子曰：'周公其盛乎！身贵而愈恭；家富而愈俭；胜敌而愈戒。'"

应之曰："是殆非周公之行，非孔子之言也。武王崩，成王幼，周公屏成王而及武王，履天子之籍，负扆[109]而〔坐〕立，诸侯趋走堂下。当是时也，夫又谁为恭矣哉！兼制天下，立七十一国，姬姓独居五十三人焉，周之子孙苟不狂惑者，莫不为天下之显诸侯。孰谓周公俭哉！武王之诛纣也，行之日以兵忌[110]，东面而迎太岁[111]，至汜而泛，至怀而坏[112]，至共头而山隧[113]。霍叔[114]惧曰：‘出三日而五灾至，无乃不可乎？’周公曰：‘刳比干而囚箕子[115]，飞廉、恶来[116]知政，夫又恶有不可焉！’遂选马而进[117]，朝食于戚，暮宿于百泉[118]，〔厌〕旦厌于牧之野[119]。鼓之而纣卒易乡[120]。遂乘[121]殷人而诛纣，盖杀者非周人，因殷人也。故无首虏之获[122]，无蹈难之赏[123]。反而定三革，偃五兵[124]，合天下，立声乐，于是《武》《象》起而《韶》《護》废矣[125]。四海之内，莫不变心易虑以化顺之，故外阖[126]不闭，跨天下而无蕲[127]。当是时也，夫又谁为戒矣哉！”

造父[128]者，天下之善御者也，无舆马则无所见其能。羿[129]者，天下之善射者也，无弓矢则无所见其巧。大儒者，善调一天下者也，无百里之地则无所见其功。舆固马选矣，而不能以至远一日而千里，则非造父也。弓调矢直矣，而不能以〔射〕及远中微，则非羿也。用百里之地，而不能以调一天下，制强暴，则非大儒也。

彼大儒者，虽隐于穷阎漏屋，无置锥之地，而王公不能与之争名；〔在一大夫之位，则一君不能独畜，一国不能独容，成名况乎诸侯，莫不愿得以为臣。〕用百里之地，而千里之国莫能与之争胜；笞棰暴国，齐一天下，而莫能倾[130]也。是大儒之征[131]也。其言有类[132]，其行有礼，其举事无悔，其持险应变曲当[133]；与时迁徙，与世偃仰，千举万变，其道一也。是大儒之稽[134]也。其穷也，俗儒笑之；其通也，英杰化之，嵬琐逃之，邪说畏之，众人愧之。通则一天下，穷则独立贵名，天不能死，地不能埋[135]，桀、跖之世不能污，非大儒莫之能立，仲尼、子弓是也。

故有俗人者，有俗儒者，有雅儒者，有大儒者。不学问，无正义，以富利为隆，是俗人者也。逢衣浅带[136]，解果[137]其冠，略法先王而足乱世术，缪学杂举，不知法后王而一制度，不知隆礼义而〔杀〕敦《诗》《书》；其衣冠行伪[138]已同于世俗矣，然而不知恶；〔者〕其言议谈说已无以异于墨子矣，然而明不能别；呼先王以欺愚者而求衣食焉，得委积足以掩其口则扬扬如也[139]；随其长子[140]，事其便辟[141]，举[142]其上客，億然[143]若终身之虏而不敢有他志，是俗儒者也。法后王，一制度，隆礼义而〔杀〕敦《诗》《书》；其言行已有大法矣，然而明不能齐法教之所不及，闻见之所未至，则知不能类也[144]；知之曰知之，不知曰不知，内不自以诬，外不自以欺[145]，以是尊贤畏法而不敢怠傲，是雅儒者也。法先王[146]，统礼义，一制度，以浅持博，以古持今，以一持万，苟仁义之类也，虽在鸟兽之中，若别白黑[147]；倚[148]物怪变，所未尝闻也，所未尝见也，卒然[149]起一方，则举统类而应之，无所儗〔怎〕𢡱[150]，张法而度之，则晻然[151]若合符节，是大儒者也。

故人主用俗人则万乘之国亡，用俗儒则万乘之国存[152]，用雅儒则千乘之国安，用大儒则百里之地久，而后三年[153]，天下为一，诸侯为臣，用万乘之国则举错而定，一朝而伯[154]。

不闻不若闻之，闻之不若见之，见之不若知之，知之不若行之。学至于行之而止矣。行之，明也，明之为圣人。圣人也者，本仁义，当是非，齐言行，不失豪厘[155]。无它道焉，已乎[156]行之矣。故闻之而不见，虽博必谬；见之而不知，虽识必妄[157]；知之而不行，虽敦必困[158]。不闻不见，则虽当[159]，非仁也，其道百举而百陷也。

故人无师无法而知，则必为盗；勇，则必为贼；〔云〕能，则必为乱；察，则必为怪；辩，则必为诞。人有师有法而知，则速通；勇，则速威；〔云〕能，则速成；察，则速尽；辩，则速论[160]。故有师法者，人之大宝也；无师法者，人之大殃也。人无师法则隆性矣；有师法则隆积[161]矣。而师法者，所得乎〔情〕积，非所受乎性[162]，性不足以独立而治[163]。性也者，吾所不能为也，然而可化也；〔情〕积也者，非吾所有也，然而可为也。注错[164]习俗，所以化性也；并一而不二[165]，所以成积也。习俗移志，安久移质[166]。并一而不二，则通于神明，参于天地矣。故积土而为山，积水而为海，旦暮积谓之岁，至高谓之天，至下谓之地，宇中六指[167]谓之极，涂之人百姓[168]积善而全尽谓之圣人。彼求之而后得，为之而后成，积之而后高，尽之而后圣。故圣人也者，人之所积也。人积耨耕而为农夫，积斲[169]削而为工匠，积反[170]货而为商贾，积礼义而为君子。

工匠之子莫不继事[171]，而都国之民安习其服[172]，居楚而楚，居越而越，居夏[173]而夏，是非天性也，积靡使然也[174]。故人知谨注错，慎习俗，大积靡，则为君子矣；纵性情而不足问学，则为小人矣。为君子则常安荣矣，为小人则常危辱矣。凡人莫不欲安荣而恶危辱，故唯君子为能得其所好，小人则日徼[175]其所恶。《诗》[176]曰："维此良人，弗求弗迪；维彼忍心，是顾是复。民之贪乱，宁为荼毒。"[177]此之谓也。

人论[178]：志不免于曲私而冀人之以己为公也，行不免于污漫[179]而冀人之以己为修也；〔其〕甚愚陋沟瞀[180]，而冀人之以己为知也，是众人[181]也。志忍[182]私然后能公，行忍〔情〕性然后能修，知而好问[183]然后能才，公修而才，可谓小儒矣。志安公，行安修，知通统类，如是则可谓大儒矣。大儒者，天子三公也。小儒者，诸侯大夫士也。众人者，工农商贾也。礼者，人主之所以为群臣寸尺寻丈检式也[184]，人伦尽矣。

君子言有坛宇，行有防表，道有一隆[185]。言〔道德〕政治之求，不下于安存[186]；言志意之求，不下于士[187]；言道德之求，不二[188]后王。道过三代谓之荡[189]；法二后王谓之不雅[190]。高之下之，小之〔臣〕巨之，不外是矣[191]。是君子之所以聘志意于坛宇宫庭也[192]。故诸侯问政不及安存，则不告也；匹夫问学不及为士，则不教也；百家之说不及后王，则不听也。夫是之谓君子言有坛宇，行有防表也。

---

[1]效：功，验。 [2]屏（bǐng）：退。及：继。 [3]属：系。言以维系天下。 [4]倍：背叛。 [5]籍：位。 [6]偃然：犹安然。 [7]虚：通“墟”，使成废墟。 [8]掩迹：追步。 [9]言以周之天下归诸成王。 [10]言不可以幼少之年当此位。 [11]言不可出之以摄代。 [12]乡：同“向”，从前。 [13]擅：同“禅”。言周公非禅让与成王。 [14]节然：犹适然。言其权变次序，均适然。 [15]枝：枝子。周公为武王之弟，故曰“枝”。 [16]言周公杀其兄管叔。 [17]厌然：安然。 [18]孙卿子：即荀子。荀、孙音近，故通用。 [19]谨乎臣子之分而尊崇其上。 [20]言位在本朝而合宜。 [21]馁：同“馁”，饥饿。 [22]呜呼：呼召也。言儒者穷困之时，呼召而莫之肯应。 [23]财：成。 [24]言为人君。 [25]阎：巷也。漏：通“陋”，简陋。 [26]贵道：至大之道。言大道固存乎其身。 [27]粥（yù）：同“鬻”，卖。豫：诳骗。言市之鬻牛马者不敢以诳行贾。 [28]脩：同“修”（后从改），言修正其在己者以临之，故能如此。 [29]罔不：当作“罔罘”。罘（fú），罔也。言阙党子弟从事畋猎，所获辄相通，有父母者则取其多。 [30]官：职务之所。 [31]形：见。 [32]此若：犹“此”，古人有此复语耳。此若义：即“此义”。 [33]讙：喧，齐声应答。 [34]白：显。言儒术可贵之名表显于天下。 [35]竭蹶：劳苦不休。言远者不辞劳苦趋之，如恐不

及。　[36]言舟车所至，人力所通者。　[37]《诗经·大雅·文王有声》。　[38]仁：通“人”。比：顺从。中：中正适当。言先王之道，为人所隆重，以其从中道而行。　[39]“人之所以道也”，“君子之所道也”，二“道”字均训“行”。言道者，人之所以行。然而人莫能行之，唯君子为能行之。　[40]言止于礼义。　[41]墝：贫瘠的土地。五种：黍、稷、豆、麦、麻。序：言不失次序，各当土宜。　[42]便备用：犹言便械用。　[43]恤：顾。“然不之情”之“不”即“否”字。　[44]荐：藉。撙：抑。荐撙：言相陵驾。怍：惭。　[45]谲：古通“决”。言决其德之大小而定位次。　[46]窜：容。言二子无所容其察辨。　[47]中：言礼义之中。　[48]充：实也。施（yì）：通“移”。言以实为虚，以虚为实。　[49]坚白：指公孙龙之说。其说曰：“‘坚白石，三，可乎？’曰：‘不可。’‘二，可乎？’曰：‘可。’”言目视则见白而不知坚，谓之白石，手触则知坚而不知白，谓之坚石：是坚白终不可合为一。同异：指庄子之说。其说曰：“大同而与小同异，此之谓小同异。万物毕同毕异，此之谓大同异。”言同在天地之间，故谓大同。物又各有种类所同，故谓小同。此略举同异，故曰：“此之谓小同异”。万物总谓之物，故谓毕同。分而察之，各具特性殊状，故谓毕异。此具举同异，故曰：“此之谓大同异”。一说：坚白盖公孙龙坚石非石、白马非马之说；同异则谓使异者同、同者异。分隔：犹言剖析。　[50]偻（lóu）：疾。言圣人亦不能疾速指陈。　[51]辟：同“譬”。辟称：言其所取譬称引。　[52]言为之至于身老子长，即终身以之之意。　[53]《诗经·小雅·

何人斯》。 [54]蜮：古谓之短狐，相传能含沙射人为灾。反侧：反复不正直。言汝为鬼为蜮，则不可得而见。汝乃人，腼然有面目与人相视，无穷极之时。是以作此好歌，以究极尔反侧之心。 [55]言彼为儒学而能行之者，则是士也。 [56]敦慕：勉力。 [57]言通于学。 [58]俄而：突然间。 [59]效：考。 [60]圆：同“圆”。圆回，犹圆转。 [61]而：通“如”。 [62]胥：疏。靡：无。言空无所有之人。 [63]举：皆。 [64]屑然：琐细之貌。溢：即“镒”，合古制二十两。 [65]貣（tè）：乞。 [66]杅杅：即“于于”，广足之貌。状学之富。 [67]贵名：人所贵儒学之名。 [68]比周：结党营私。 [69]势重：高位。协：挟。 [70]遵遁：即“逡巡”，却退。言却退则自委积，承上“让之则至”而言。 [71]此承上“争之则失”而言。 [72]《诗经·小雅·鹤鸣》。取以喻身隐而名著。 [73]皋：泽。九：为数之极，借以言极远。 [74]誉：通“与”，党与。俞：通“愈”。言虽比周以求党与，而党与愈少。 [75]《诗经·小雅·角弓》。 [76]一方：言各据一面。取以喻不责己而怨人。 [77]言终于亡而已。 [78]粹：通“碎”。 [79]言指其顶而笑之。 [80]谲：通“决”。决断。 [81]辩：亦治。 [82]《诗经·小雅·采菽》。 [83]平平：治辩之貌。左右：国之臣也。言左右均能循从。 [84]养生：厚奉其生。 [85]言此乃常人之品习。 [86]法：正。至：为“志”之借字。 [87]桥：通“矫”。言好修正其所闻，以矫正、润饰其情性。 [88]论：诀也。 [89]所隆：所尊奉者。言能推崇其人之道而大之。

[90]要（yāo）节：切合礼节。枝：通“肢”（肢）。言安于礼节，若运四肢，极其自然。 [91]要：读与上同。言邀时立功之巧，若天告四时，使成万物。 [92]抟：凝聚。 [93]井井：整齐貌。理：条理。 [94]严严：有威重之貌。 [95]介介：坚固之貌。 [96]厌厌（yàn）：犹安安。 [97]乐乐：犹落落，石貌。殆：通“怠”。以其执道不怠，故以石状之。 [98]炤：同“照”。炤炤：明见之貌。 [99]修修：为“条条”之假借，古相通，行貌。统类：纲纪。 [100]绥绥：安泰之貌。 [101]熙熙：和乐之貌。臧：善。 [102]隐隐：忧戚之貌。 [103]挟：通“浃”，周洽。 [104]管：枢要。 [105]微：隐微之旨。 [106]逐：流荡。 [107]光：犹广，古通用。 [108]臧：善，祥。倍：反，违背。 [109]扆：户牖之间的屏风。 [110]兵忌：言兵家所忌之日，古代一种迷信说法。 [111]太岁：星名，约十二岁而一周天。古术数家以太岁所在为凶方。 [112]氾：水名。泛：水泛滥也。怀：地名。坏：亦河涨也。言氾与泛、怀与坏音皆相近，均触忌讳，故致此。 [113]共（gōng）头：山名。隧：通“坠”。 [114]霍叔：武王弟。 [115]比干：纣贤臣。箕子：纣诸父。 [116]飞廉、恶来：皆纣之嬖臣。 [117]选：齐。犹言并驱而进。 [118]戚：卫邑。百泉：地名。在今河南淇县。 [119]厌：通“压”。牧：地名，在今河南淇县，纣都之南郊。言昧旦兵临牧野。 [120]易乡：言改变方向反身而奔逃。 [121]乘：乘其奔逃之势。 [122]言无所擒杀。 [123]言周人无立功受赏者。 [124]定：息。三革：犀、兕、牛，皆所以为甲。偃：仆

也。五兵：矛、戟、钺、楯、弓矢。　[125]《武》《象》：周武王克殷之后乐名。《韶》《護》，殷乐名。　[126]阖：门扉。　[127]跨：越也。蕲：同“圻”，疆界。言跨越天下，无复疆域之限。　[128]造父：周穆王之御者。　[129]羿：有穷之君，逐夏太康而遂夺其位。　[130]倾：危。　[131]征：效验。　[132]类：统类。　[133]曲当：曲得其宜。　[134]稽：考。言可稽考。　[135]言名不朽。　[136]逢：大。浅带：薄带。言穿着宽大的衣服，束着阔带子。　[137]解果（jiě guǒ）：古语。亦作“累解”，语有倒顺。其义犹言平正。　[138]伪：今“为”字。　[139]委积：言储蓄。扬扬：得意之貌。[140]长子：犹钜子；墨家号其道理成者为“钜子”。[141]辟：通“嬖”。便辟：无行而得势之人。　[142]举：读为相与之“与”，古通。　[143]僡：字书所无。言安然。[144]齐：通“济”。言明不足以济法教不及、闻见未至之所；所以这样，则因其知不能比类而通之。　[145]自：用。言内不用以诬己，外不用以欺人。　[146]法先王：当作“法后王”。[147]仁义之类：言善类。善类在鸟兽之中犹能识别，在人不待言。　[148]倚：奇。　[149]卒（cù）：仓促。　[150]儗：通“疑”。懘：同“滞”。言奇物怪变卒然而起，大儒知其统类，故举以应之，无所疑滞。　[151]晻然：同貌。[152]存：仅存。　[153]而后三年：犹言顶多不过三年。[154]错：通“措”。伯：通“白”；言名显于天下。[155]豪：通“毫”。豪氂：即毫厘。　[156]已乎：止于。已：止。　[157]识（zhì）：记。　[158]言苟不能行，虽所知多厚，必至困顿。　[159]当：恰当。言偶有所当。　[160]察：聪察之性。尽：尽物之理。论：决断。　[161]积：习。　[162]言所得乎积习，非受于天性。　[163]此言所以必待积习以化之。　[164]注错：犹措置。　[165]一：谓师法；二：谓异端。　[166]言习以为俗则移其志，安之既久则移其本质。　[167]六指：上、下、四方。　[168]人百姓：犹言众百姓。　[169]斲（zhuó）：砍。　[170]反：通“贩”。　[171]继事：承其世业。　[172]言安习其土风之衣服。　[173]夏：中夏。　[174]靡：顺。言顺其积习，以致此。　[175]徼：同“邀”，招致。　[176]《诗经·大雅·桑柔》。旧说为刺周厉王之诗，此处取喻不知为学隆积之小人也。　[177]迪：进。顾：顾念。复：重复。言于善人，不求而进之，于忍心不仁之人，反顾念而重复之；此天下之民所以肆行贪乱，安心为荼毒。　[178]论：通“伦”，类。言人之等类。　[179]污漫：污秽。　[180]沟瞀：愚暗。　[181]众人：常人。　[182]忍：矫其性。　[183]言知而不自以为知，犹好问。　[184]检式：法度。言人主以礼为测人短长之法式。　[185]坛：堂基。宇：屋边。坛宇：犹界域。防：堤防。表：标志。防表：引申为标准。一隆：专重。　[186]求：人以是来求。不下：犹言不出。安存：百姓之安存。　[187]言以修其意志来求者，则语之不出于为士。　[188]不二：犹言不离。　[189]荡：浩荡难信。　[190]不雅：不正。　[191]言虽高、下、大、小，而坛宇、防表，不出此。　[192]坛宇、宫庭：犹言范围之内。言君子虽聘志意论说，不出范围之内。

富国

万物同宇而异体，无宜而有用为人，数也[1]。人伦并处，同求而异道，同欲而异知，生也[2]。皆有可也，知愚同[3]；所可异也，知愚分[4]。势同[5]而知异，行私而无祸，纵欲而不穷，则民心奋而不可说也[6]。如是，则知者未得治也，知者未得治则功名未成也，功名未成则群众未县也[7]，群众未县则君臣未立也。无君以制臣，无上以制下，天下害生纵欲[8]。欲恶同物[9]，欲多而物寡，寡则必争矣。故百技所成，所以养一人也[10]。而能[11]不能兼技，人不能兼官，离居不相待则穷，群而无分则争[12]。穷者患也，争者祸也，救患除祸，则莫若明分使群矣。

强胁弱也，知惧愚也，民下违上，少陵长，不以德为政，如是，则老弱有失养之忧，而壮者有分争之祸矣。事业所恶也，功利所好也，职业无分[13]，如是，则人有树事之患，而有争功之祸矣[14]。男女之合，夫妇之分，婚姻娉内，送逆无礼[15]，如是，则人有失合[16]之忧，而有争色之祸矣。故知者为之分也。

足国之道，节用裕民而善臧[17]其余。节用以礼，裕民以政。彼[18]裕民，故多余。裕民则民富，民富则田肥以易[19]。

田肥以易则出实百倍。上以法取焉，而下以礼节用之，余若丘山，不时焚烧，无所臧之[20]，夫君子奚患乎无余？故知节用裕民，则必有仁义圣良之名，而且有富厚丘山之积矣。此无它故焉，生于节用裕民也。不知节用裕民则民贫，民贫则田瘠以秽[21]，田瘠以秽则出实不半[22]，上虽好取侵夺，犹将寡获也，而或以无礼节用之，则必有贪利纠诉[23]之名，而且有空虚穷乏之实矣。此无它故焉，不知节用裕民也。《康诰》曰："弘覆乎天，若德裕乃身。"[24]此之谓也。

礼者，贵贱有等，长幼有差，贫富轻重皆有称者也。故天子袾裷衣冕[25]，诸侯玄裷衣冕，大夫裨[26]冕，士皮弁服[27]。德必称位，位必称禄，禄必称用。由士以上则必以礼乐节之；众庶百姓则必以法数制之。量地而立国，计利而畜民，度人力而授事使民必胜事，事必出利，利足以生民，皆使衣食百用出入相揜[28]，必时臧余，谓之称数[29]。故自天子通于庶人，事无大小多少，由是推之。故曰："朝无幸位，民无幸生。"此之谓也。轻田野之税，平[30]关市之征，省商贾之数[31]，罕兴力役，无夺农时，如是，则国富矣。夫是之谓以政裕民。

人之生不能无群，群而无分则争，争则乱，乱则穷矣。故无分者，人之大害也；有分者，天下之〔本〕大利也。而人君者，所以管分之枢要也。故美之[32]者，是美天下之本也；安之者，是安天下之本也；贵之者，是贵天下之本也。

古者先王分割而等异之也[33]，故使或美或恶，或厚或薄，或佚〔或〕乐，或劬〔或〕劳[34]，非特以为淫泰夸丽也，〔之声〕将以明仁之文，通仁之顺也。故为之雕琢、刻镂、黼黻、文章[35]，使足以辨贵贱而已，不求其观[36]；为之钟鼓、管磬、琴瑟、竽笙，使足以辨吉凶、合欢定和而已，不求其余[37]；为之宫室台榭，使足以避燥湿、养德、辨轻重而已，不求其外[38]。《诗》[39]曰："雕琢其章，金玉其相。亹亹我王，纲纪四方。"[40]此之谓也。

若夫重[41]色而衣之，重味而食之，重财物而制之，合天下而君之，非特以为淫泰也，固以为〔王〕一天下，治万变，〔材〕财万物，养万民，兼〔制〕利天下者，为莫若仁人之善也夫。故其知虑足以治之，其仁厚足以安之，其德音[42]足以化之，得之则治，失之则乱。百姓诚赖其知也，故相率而为之劳苦以务佚之，以养其知也；诚美其厚也，故为之出死断亡以覆救之[43]，以养其厚也；诚美其德也，故为之雕琢、刻镂，黼黻、文章以藩饰之，以养其德也。故仁人在上，百姓贵之如帝[44]，亲之如父母，为之出死断亡而不愉[45]者，无它故焉，其所是[46]焉诚美，其所得焉诚大，其所利焉诚多。《诗》[47]曰："我任我辇，我车我牛，我行既集，盖云归哉。"[48]此之谓也。

故曰：君子以德，小人以力。力者，德之役也。百姓之力，待之而后功[49]；百姓之群，待之而后和；百姓之财，待之而后聚；百姓之势，待之而后安；百姓之寿，待之而后长。父子不得不亲，兄弟不得不顺，男女不得不欢，少者以长，老者以养。故曰："天地生之，圣人成之。"此之谓也。

今之世而[50]不然。厚刀布之敛以夺之财[51]，重田野之税以夺之食，苛关市之征以难其事[52]。不然而已矣[53]，有掎挈伺诈[54]，权谋倾覆，以相颠倒，以靡敝[55]之。百姓晓然皆知其污漫暴乱而将大危亡也。是以臣或弑其君，下或杀其上，粥[56]其城，倍其节[57]，而不死其事者，无它故焉，人主自取之。《诗》[58]曰："无言不雠[59]，无德不报。"此之谓也。

兼足天下之道在明分。〔掩〕擦地表亩[60]，刺屮[61]殖谷，多粪肥田，是农夫众庶之事也。守时力民[62]，进事长功[63]，和齐百姓，使人不偷，是将率[64]之事也。高者不旱，下者不水，寒暑和节而五谷以时孰[65]，是天〔下〕之事也。若夫兼而覆之，兼而爱之，兼而制之，岁虽凶败水旱，使百姓无冻馁[66]之患，则是圣君贤相之事也。

墨子之言，昭昭[67]然为天下忧不足。夫不足，非天下之公患也，特墨子之私忧过计也。今是土之生五谷也，人善治之则亩数盆[68]，一岁而再获之，然后瓜桃枣李一本数以盆鼓[69]，然后荤菜百疏以泽量[70]；然后六畜禽兽一而剸车[71]，鼋鼍、鱼鳖、鳅鳣以时别，一而成群[72]；然后飞鸟凫雁若烟海；然后昆虫万物生其间，可以相食养者，不可胜数也。夫天地之生万物也，固有余足以食人矣；麻葛、茧丝、鸟兽之羽毛齿革也，固有余足以衣人矣[73]。夫有余不足，非天下之公患也，特墨子之私忧过计也。天下之公患，乱伤之也。胡不尝试相与求乱之者谁也？

我以墨子之“非乐”也，则使天下乱；墨子之“节用”也，则使天下贫。非将堕之也，说不免焉[74]。墨子大有天下，小有一国，将蹙然衣粗食恶，忧戚而非乐。若是则瘠[75]，瘠则不足欲，不足欲则赏不行。墨子大有天下，小有一国，将少人徒，省官职，上功劳苦，与百姓均事业，齐功劳。若是则不威，不威则罚不行。赏不行，则贤者不可得而进也；罚不行，则不肖者不可得而退也。贤者不可得而进也，不肖者不可得而退也，则能不能不可得而官也[76]。若是，则万物失宜，事变失应，上失天时，下失地利，中失人和，天下敖然[77]，若烧若焦。墨子虽为之衣褐带索，嚽[78]菽饮水，恶能足之乎？既以伐其本，竭其原，而焦天下矣[79]。

故先王圣人为之不然。知夫为人主上者，不美不饰之不足以一民也，不富不厚之不足以管下也，不威不强之不足以禁暴胜悍也，故必将撞大钟，击鸣鼓，吹笙竽，弹琴瑟，以塞其耳；必将锢[80]琢、刻镂、黼黻、文章，以塞其目；必将刍豢稻粱，五味芬芳，以塞其口，然后众人徒、备官职、渐[81]庆赏、严刑罚，以戒其心，使天下生民之属皆知己之所愿欲之举在是于[82]也，故其赏行；皆知己之所畏恐之举在是于也，故其罚威。赏行罚威，则贤者可得而进也，不肖者可得而退也，能不能可得而官也。若是，则万物得宜，事变得应，上得天时，下得地利，中得人和，则财货浑浑[83]如泉源，汸汸[84]如河海，暴暴[85]如丘山，不时焚烧，无所臧之。夫天下何患乎不足也？

故儒术诚行，则天下大而富，使而功[86]，撞钟击鼓而和。《诗》[87]曰："钟鼓喤喤，管磬玱玱。降福穰穰，降福简简，威仪反反。既醉既饱，福禄来反。"[88]此之谓也。故墨术诚行则天下尚俭而弥贫，非斗[89]而日争，劳苦顿萃[90]而愈无功，愀然忧戚非乐而日不和。《诗》[91]曰："天方荐瘥，丧乱弘多。民言无嘉，憯莫惩嗟。"[92]此之谓也。

垂事[93]养民，拊循之，唲呕之[94]，冬日则为之饘粥，夏日则与之瓜麮[95]，以偷取少顷之誉焉，是偷道也，可以少顷得奸民之誉，然而非长久之道也。事必不就，功必不立，是奸治[96]者也。傮然要时务民[97]，进事长功，轻非誉而恬失民[98]，事进矣而百姓疾之，是又〔不可〕偷偏者也[99]。徙坏[100]堕落，必反无功。故垂事养誉不可，以遂功而忘民亦不可[101]。皆奸道也。故古人为之不然，使民夏不〔宛〕奥暍[102]，冬不冻寒，急不伤力，缓不后时，事成功立，上下俱富[103]。而百姓皆爱其上，人归之如流水，亲之欢如父母，为之出死断亡而愉者，无它故焉，忠信调和均辨[104]之至也。

故君国长民者欲趋时遂功，则和调累解，速乎急疾矣[105]；忠信均辨，说乎赏庆矣[106]；必先修正其在我者，然后徐责其在人者，威乎刑罚矣[107]。三德者诚乎上，则下应之如景向[108]，虽欲无明达，得乎哉？《书》[109]曰："乃大明服，惟民其力懋，和而有疾。"[110]此之谓也。

故不教而诛，则刑繁而邪不胜[111]；教而不诛，则奸民不惩；诛而不赏，则勤〔属〕厉之民不劝；诛赏而不类[112]，则下疑俗〔俭〕险[113]而百姓不一。故先王明礼义以壹之，致忠信以爱之，尚贤使能以次之[114]，爵服庆赏以申[115]重之，时其事[116]，轻其任，以调齐之，潢然[117]兼覆之，养长之，如保赤子。若是，故奸邪不作，盗贼不起，而化善者劝勉矣。是何邪？则其道易，其塞固[118]，其政令一，其防表明[119]。故曰：上一则下一矣，上二则下二矣。辟之若屮木，枝叶必类本[120]。此之谓也。

不利而利之[121]，不如利而后利之之利也；不爱而用之，不如爱而后用之之功也。利而后利之，不如利而不利[122]者之利也；爱而后用之，不如爱而不用者之功也。利而不利也，爱而不用也者，取天下者也。利而后利之，爱而后用之者，保社稷也。不利而利之，不爱而用之者，危国家也。

观国之治乱臧否，至于疆易[123]而端已见矣。其候徼支缭，其竟关之政尽察[124]，是乱国已。入其境，其田畴秽，都邑露[125]，是贪主已。观其朝廷，则其贵者不贤；观其官职，则其治者不能；观其便嬖，则其信者不悫[126]，是暗主已。凡主相臣下百吏之〔俗〕属，其于货财取与计数也，〔须〕顺孰尽察，其礼义节奏也，芒轫僈楛[127]，是辱国已。其耕者乐田，其战士安难，其百吏好法，其朝廷隆礼，其卿相调议，是治国已。观其朝廷，则其贵者贤；观其官职，则其治者能；观其便嬖，则其信者悫，是明主已。凡主相臣下百吏之属，其于货财取与计数也，宽饶简易，其于礼义节奏也，陵[128]谨尽察，是荣国已。贤齐则其亲者先贵；能齐则其故者先官，其臣下百吏，污者皆化而修[129]，悍者皆化而愿，躁[130]者皆化而悫，是明主之功已。

观国之强弱贫富有征。上不隆礼则兵弱，上不爱民则兵弱，已诺不信则兵弱，庆赏不渐[131]则兵弱，将率[132]不能则兵弱。上好功则国贫，上好利则国贫，士大夫众则国贫，工商众则国贫[133]，无制数度量则国贫[134]。下贫则上贫，下富则上富。故田野县鄙者，财之本也；垣窌仓廪[135]者，财之末也。百姓时和、事业得叙者，货之源也[136]；等赋[137]府库者，货之流也。故明主必谨养其和，节其流，开其源，而时斟酌焉，潢然使〔天〕夫下必有余而上不忧不足。如是则上下俱富，交无所藏之[138]，是知国计之极也[139]。故禹十年水，汤七年旱，而天下无菜色者。十年之后，年谷复熟而陈积有余。是无它故焉，知本末源流之谓也。

故田野荒而仓廪实，百姓虚而府库满，夫是之谓国蹶[140]。伐其本，竭其源，而并之其末[141]，然而主相不知恶也，则其倾覆灭亡可立而待也。以国持[142]之而不足以容其身，夫是之谓至〔贪〕贫，是愚主之极也。将以求富而丧其国，将以求利而危其身。古有万国，今无十数焉，是无它故焉，其所以失之一也。君人者亦可以觉矣。百里之国足以独立矣[143]。

凡攻人者，非以为名，则案以为利也，不然，则忿之也[144]。

仁人之用[145]国，将修志意，正身行，伉隆高[146]，致忠信，期文理[147]。布衣紃屦之士诚是[148]，则虽在穷阎漏屋，而王公不能与之争名；以国载之，则天下莫之能隐匿也。若是，则为名者不攻也。将辟田野，实仓廪，便备用[149]，上下一心，三军同力，与之远举极战则不可[150]。境内之聚也，保固视可，午其军，取其将，若拨麸[151]。彼得之不足以药伤补败[152]。彼爱其爪牙，畏其仇敌。若是，则为利者不攻也。将修小大强弱之义以持慎之[153]，礼节将甚文，珪璧[154]将甚硕，货赂将甚厚，所以说之者，必将雅文辩慧之君子也[155]。彼苟有人意焉，夫谁能忿之？若是，则为忿〔之〕者不攻也。

为名者否，为利者否，为忿者否[156]；则国安于盘石，寿于旗翼[157]。人皆乱，我独治；人皆危，我独安；人皆失丧之，我案起而制之。故仁人之用国，非特将持其有而已也，又将兼人。《诗》[158]曰：“淑人君子，其仪不忒。其仪不忒，正是四国。”此之谓也。

持国之难易：事强暴之国难，使强暴之国事我易。事之以货宝，则货宝单而交不结[159]；约信盟誓，则约定而畔无日[160]；割国之锱铢以赂之，则割定而欲无厌[161]。事之弥〔烦〕顺，其侵人愈甚，必至于资单国举[162]然后已。虽左尧而右舜，未有能以此道得免焉者也。譬之是犹使处女婴宝珠[163]、珮宝玉，负戴黄金，而遇中山之盗也，虽为之逢蒙视，诎要桡腘，〔君〕若庐屋妾，由将不足以免也[164]。故非有一人之道也，直将巧繁拜请而畏事之[165]，则不足以持国安身。故明君不道[166]也。必将修礼以齐朝，正法以齐官，平政以齐民，然后节奏[167]齐于朝，百事齐于官，众庶齐于下。如是，则近者竞亲，远方致愿，上下一心，三军同力。名声足以暴炙之[168]，威强足以捶笞之，拱揖指挥，而强暴之国莫不趋使，譬之是犹乌获与焦侥搏也[169]。故曰：事强暴之国难，使强暴之国事我易。此之谓也。

---

[1]为：通“于”，二字古同声，故通用。数：道之自然。言万物同生宇内，形体互异，虽无一定之宜，而皆有于人。道本来如此，即自然之理。　[2]伦：类。生：通“性”。言人类群居，同有所求，同有所欲，唯其道、其知异耳。此人之性。　[3]可：心以为可。言人各有所可，知愚所同。　[4]言所可不

同，知愚于是有别。　[5]势同：言无尊卑之等。　[6]奋：起而争竞。说：通“悦”。言民心奋起争竞，不可悦服。　[7]县：同“悬”，悬隔，即悬殊。言无有功名、无功名之判别，上下不分，是群众等齐，不相悬隔。　[8]言天下之害生于各纵其欲。　[9]同物：言饮食男女，人之大欲存焉；死亡贫苦，人之大恶存焉，是贤愚同有此情。　[10]言一人之养，必取给于百技所成。　[11]能：才能。　[12]离居不相待：言分处而不通功易事。穷群：言群道穷。　[13]言恶为事业，务贪功利，职业无分之征。　[14]树：立。言人皆患于树立己事，而争人之功，以此为祸。　[15]娉：即今“聘”字，问名。内：通“纳”，纳币。送：致女。逆：亲迎。皆婚仪。　[16]失合：丧偶。　[17]臧：古“藏”字。　[18]彼：通“夫”。　[19]肥以易：言肥而易于耕垦。　[20]此甚言其多。　[21]瘠以秽：言瘠而荒秽难治。　[22]不半：不得充量之半。　[23]纠：收　也。诱（jiǎo）：通“桥”，取。　[24]《康诰》：《尚书》篇名。若：顺。乃：你。言弥覆如天，又顺于德，是所以宽裕你身。　[25]袾：古“朱”字。裷：同“衮”，画龙之衣。　[26]裨（pí）：裨衣，古代次等祭服。　[27]皮弁：以白鹿皮为冠。　[28]揜：同。弇、掩、奄均训同，而揜并与之通。　[29]言以时藏其余，此之谓有称之术数，即合乎法度。　[30]平：均之。　[31]省：减也。言使农夫众多。　[32]此“之”字及下“安之”“贵之”两“之”字皆指人君。美之：言美人君之宫室、衣服、饮食。　[33]言分别贵贱而等差之。　[34]劬（qú）劳：劳苦。　[35]玉谓之雕、琢，木谓之刻，金谓之镂。白与黑谓之黼，黑与青谓之黻，青与赤谓之文，赤与白谓之章。 [36]言非以此为美观。 [37]余：言过度。 [38]言外乎此之雕饰，非所求。 [39]《诗经·大雅·棫朴》。 [40]相：质。亹亹（wěi）：勉励之貌。言文既雕琢，质又美如金玉，以此勉力为善，所以纲纪四方。 [41]重（chóng）：多。 [42]德音：有令闻之谓。 [43]出死：言出生致死。断亡：犹言决死。覆：蔽护。 [44]帝：天帝。 [45]愉：古"偷"字，偷薄、懈怠。 [46]是：言可其意。 [47]《诗经·小雅·黍苗》。取以喻民众向往之。 [48]集：犹成。盖、云，皆助词。言转运之役，有负任者，有挽辇者，有将车者，有牵牛者，事既告成，则皆曰可以归家了。 [49]功：成功。言待君之德化而后能成功。 [50]而：犹"则"。 [51]刀布：钱币。之：其。下句"之"同。 [52]难其事：言使货不得流通。 [53]言不唯如此而已。 [54]有：同"又"。掎（jǐ）：自后引之；挈：在前提之。掎挈：犹言指责。伺：候其罪。诈：伪其辞。言挑剔、敲诈。 [55]靡：损。敝：败。 [56]粥：同"鬻"。出卖。 [57]倍：同"背"。言违背忠节。 [58]《诗经·大雅·抑》。 [59]雠：答。 [60]撩：理。表：言表其经界。 [61]刺：绝也。屮：古"草"字。 [62]犹言以时使民。 [63]言进其事业，长其功利。 [64]率：同"帅"。将率：即州长党正之属。古之为将率者，平时即州长党正之官，此从其在军之名而称之。 [65]孰：今"熟"字。 [66]冻馁：饥寒貌。 [67]昭昭：昭，读为"怊"（chāo），忧貌。 [68]盆：

当时量器。[69]一本：一株。鼓：量。[70]以泽量：言满泽。[71]剸：同“专”。言一种禽兽即可装满一车。[72]别：生育时与母分别。言诸物以时产生，一母所产，皆可孳生成群。[73]食人、衣人，“食”读 sì，“衣”读 yì，言供人吃、供人穿。[74]堕：毁。言墨子之意非欲毁坏天下，而其说流失，未能免此。[75]瘠：奉养薄。[76]能不能：就一人之短长言之。官：各当其任，无差错。[77]敖：通“熬”。言天下如被炙灼。[78]嚽：同“啜”。[79]此为倒装句，若使顺列，当在“若烧若焦”之下。[80]錭：同“雕”。[81]渐：进。[82]是于：犹言于是，即于此。下同。[83]浑浑：水流貌。[84]汸：通“滂”。汸汸：水多貌。[85]暴暴：突起之貌。[86]言易使而有功。[87]《诗经·周颂·执竞》。[88]喤喤、玱玱：皆状声相和。穰穰：众。简简：大。反反：顺习之貌。反：复。[89]非斗：即指墨子所主张之“非攻”。[90]顿：困顿。萃：同“顇”，困苦。[91]《诗经·小雅·节南山》。[92]荐：重。瘥：病。憯：曾。惩：止。[93]垂事：犹言实施事业。[94]拊：同“抚”。循：同“揗”（xún）。拊循：言抚摩矜怜之。唲呕（wā ōu）：二字本小儿语声，言慈爱之。[95]饘粥：以米和羹。麮（qù）：麦粥。[96]奸治：不正之治。[97]僧：古通“嘈”。言嘈然趋时役民。[98]非：诽。非誉：犹毁誉。恬：安。言安然于失民心。[99]言此又苟且不当之事。[100]言旋即失败。[101]垂事养誉：言“垂事养民”以邀誉。遂功而忘民：即上所云“进事长功，轻非誉而恬失民”。　[102]奥（yù）：热。暍（yē）：伤暑。[103]富：通“福”。言上下俱受其福。　[104]辨：通“平”，二字古通。　[105]累解：即为《儒效》篇之“解果”，亦即“蟹螺”，为高平之地。此处殆言平正。速乎急疾：言人民效上之急，不后时。　[106]说：通“悦”。言若能忠信均平，则人民悦乎庆赏。　[107]威乎刑罚：言人民感刑罚之威严。[108]景：通“影”。向：通“响”。　[109]《尚书·康诰》。　[110]懋：勉。言君大明以服下，则民勉力以效上之急，和调而疾速。　[111]邪不胜：犹言不胜邪。　[112]类：法。言诛赏而不当于法。　[113]俗险：言欲侥幸免罪，苟且求赏。　[114]次之：言使之就位列。　[115]申：亦重；再令曰申。　[116]言使得以时治事。　[117]潢：通“洸”。洸，水涌光。此以状德泽之盛。　[118]道：通“导”。言导民之善者易，塞民之邪者固。　[119]言其堤防标表明白易识。[120]辟：通“譬”。　[121]言不利民而取民之利。[122]利而不利：言利之而不自以为利。　[123]易：同“埸”，边境。　[124]候：斥候，哨兵。徼：巡逻。支缭：言支分缭绕，极繁密。竟：同“境”。尽察：言极其苛细，无所不察。[125]露：败。言都邑败坏。　[126]便嬖：左右宠信之人。信者：亲信的人。悫：诚谨。　[127]芒：昧。不懂。轫：通“韧”，柔，意谓怠惰。僈：同“慢”。楛：不坚固。于货财取与计数则如彼，于礼义节奏则如此，言好利而轻礼。　[128]陵：严密。　[129]修：善。　[130]譟：通“剽”，狡猾。[131]渐：进。　[132]率：同“帅”。　[133]士大夫众，工商众，则生产者寡，故贫。[134]言不为限量。物多耗费，故贫。[135]垣：筑墙四周，以藏谷也。窌：同“窖”，掘地以藏谷。谷藏曰仓，米藏曰廪。[136]时和：言得天时之和，年岁丰。得叙：耕稼得其次序。[137]等赋：以差等制赋。[138]交无所藏之：谓上下俱无所藏其余，亦以言多之极。[139]言此乃治理民生之极轨。[140]蹶：倾倒。[141]并：聚。之：于。[142]持：载。[143]此言有道则国虽小亦足以独立。[144]案：助词。言攻伐之因，不出名、利、忿怒三端。[145]用：为，治。[146]伉：通“亢”，高貌。言极隆崇高大之事。[147]期：通“綦”，极。文理：言条贯。期文理：言守法度。[148]紃（xún）：屦，编麻为之，粗绳之鞋。诚是：诚行此数者。[149]备用：犹械用。[150]远举：孤军深入敌后。极战：苦战。言守备之严、军力之厚如是，人欲远来苦攻，则不能取胜。[151]聚：屯聚。保固：保其险固。视可：见可而进，观衅而动。午：通“迕”，逆。葑（fēng）：通“丰”，蒲草。[152]药：医治。药伤补败：言彼纵有所得，不足以补救其所伤败。[153]慎：谨也。持慎之：言谨持此义。[154]珪璧：所用以聘好。[155]雅文辩慧：文雅善辩。[156]三“否”字俱言不攻。[157]旗：通“箕”。旗翼：二十八宿名，言寿比于星。[158]《诗经·曹风·尸鸠》。[159]单：通“殚”，尽。言货尽则交解。[160]畔：通“叛”。言约定而不日即叛之。[161]此言零星割地以行赂，但既得思再，贪欲无厌。[162]国举：言尽举其国以与人。[163]婴：同“缨”，系于颈。[164]逢蒙：或作

“笼蒙”，或作“风虻”，皆所以状微视之副词。诎：同“屈”。要：同“腰”。桡：曲。腘（guó）：膝后曲节处。诎要桡腘：状俯伏畏惧之甚。由：同“犹”。　[165]人：大国之人。繁：通“敏”。巧繁：花言巧语。言不能有兼人之道，但务花言巧语拜请而畏事之。　[166]道：由。　[167]节奏：礼节。　[168]暴（pù）：晒，晒干。后作“曝”。言名声煊赫震人也。　[169]乌获：秦之勇士。焦侥：短小之人。

天　论

天行[1]有常，不为尧存，不为桀亡。应之以治则吉，应之以乱则凶。强本[2]而节用，则天不能贫；养备而动时[3]，则天不能病；〔修〕循道而不〔贰〕貳[4]，则天不能祸。故水旱不能使之饥，〔渴〕寒暑不能使之疾，祅怪不能使之凶。本荒而用侈，则天不能使之富；养略而动〔罕〕逆[5]，则天不能使之全；倍[6]道而妄行，则天不能使之吉。故水旱未至而饥，寒暑未薄[7]而疾，祅怪未至而凶。受时与治世同，而殃祸与治世异，不可以怨天，其道然也[8]。

故明于天人之分，则可谓至人矣。不为而成，不求而得[9]，夫是之谓天职。如是者，虽深，其人不加虑焉[10]；虽大，不加能[11]焉；虽精，不加察焉。夫是之谓不与天争职。天有其时，地有其财，人有其治，夫是之谓能参[12]。舍其所以参而愿其所参，则惑矣[13]。

列星随旋，日月递炤[14]，四时代御，阴阳大化，风雨博施，万物各得其和以生，各得其养以成，不见其事而见其功，夫是之谓神[15]。皆知其所以成，莫知其无形[16]，夫是之谓天功。

唯圣人为不求知天。天职既立，天功既成，形具而神生，好恶、喜怒、哀乐臧焉，夫是之谓天情[17]。耳目鼻口形能[18]各有接而不相能也，夫是之谓天官[19]。心居中虚以治五官，夫是之谓天君[20]。财非其类，以养其类，夫是之谓天养[21]。顺其类者谓之福，逆其类者谓之祸，夫是之谓天政[22]。暗其天君[23]，乱其天官[24]，弃其天养[25]，逆其天政[26]，背其天情[27]，以丧天功[28]，夫是之谓大凶。圣人清其天君，正其天官，备其天养，顺其天政，养其天情，以全〔其〕天功。如是，则知其所为，知其所不为矣[29]。则天地官而万物役矣[30]。其行曲治，其养曲适[31]，其生不伤[32]，夫是之谓知天。

故大巧在所不为，大智在所不虑[33]。所志于天者，已其见象之可以期者矣[34]；所志于地者，已其见宜之可以息者矣[35]；所志于四时者，已其见数之可以事者矣[36]；所志于阴阳者，已其见〔知〕和之可以治者矣[37]。官人守天而自为守道也[38]。

治乱天邪？曰：日月、星辰、瑞历[39]，是禹、桀之所同也，禹以治，桀以乱，治乱非天也。时邪？曰：繁启蕃长于春夏，畜[40]积收臧于秋冬，是又禹、桀之所同也，禹以治，桀以乱，治乱非时也。地邪？曰：得地则生，失地则死，是又禹、桀之所同也，禹以治，桀以乱。治乱非地也。《诗》[41]曰："天作高山，大王荒之。彼作矣，文王康之。"[42]此之谓也。

天不为人之恶寒也辍冬，地不为人之恶辽远也辍广，君子不为小人之匈匈[43]也辍行。天有常道矣，地有常数矣，君子有常体[44]矣。君子道[45]其常，而小人计其功。《诗》[46]曰："何恤人之言兮？"[47]此之谓也。

楚王后车千乘，非知也；君子啜菽饮水，非愚也，是节然也[48]。若夫〔心〕志意修，德行厚，知虑明，生于今而志乎古，则是其在我者也。

故君子敬其在己者，而不慕其在天者；小人错[49]其在己者，而慕其在天者。君子敬其在己者，而不慕其在天者，是以日进也；小人错其在己者，而慕其在天者，是以日退也。故君子之所以日进，与小人之所以日退，一也[50]。君子小人之所以相县[51]者，在此耳。

星队[52]木鸣，国人皆恐。曰：是何也？

曰：无何也。是天地之变，阴阳之化，物之罕至者也。怪之可也，而畏之非也。夫日月之有蚀，风雨之不时，怪星之党见[53]，是无世而不〔常〕尝有之。上明而政平，则是虽并世起，无伤也；上暗而政险，则是虽无一至者，无益也。夫星之队，木之鸣，是天地之变，阴阳之化，物之罕至者也。怪之可也，而畏之非也。

物之已至者，人袄则可畏也。楛[54]耕伤稼，〔耘〕楛耨失〔薉〕岁，政险失民，田薉[55]稼恶，籴[56]贵民饥，道路有死人，夫是之谓人袄。政令不明，举错[57]不时，本事[58]

不理，夫是之谓人祆。勉力不时，则牛马相生，六畜作祆；礼义不修，内外无别，男女淫乱，则父子相疑，上下乖离，寇难并至，夫是之谓人祆。祆是生于乱，三者错[59]，无安国。其说甚尔，其菑甚惨[60]。〔勉力不时，则牛马相生，六畜作祆〕可怪也，而〔不〕亦可畏也。

传曰："万物之怪，书不说。"无用之辩，不急之察，弃而不治。若夫君臣之义，父子之亲，夫妇之别，则日切瑳而不舍也。

雩[61]而雨，何也？曰：无何也，犹不雩而雨也。日月食而救之，天旱而雩，卜筮然后决大事，非以为得求也，以文之也[62]。故君子以为文，而百姓以为神。以为文则吉，以为神则凶也。

在天者莫明于日月；在地者莫明于水火；在物者莫明于珠玉；在人者莫明于礼义。故日月不高，则光晖不赫[63]；水火不积，则晖润不博；珠玉不睹乎外[64]，则王公不以为宝；礼义不加于国家，则功名不白。故人之命在天，国之命在礼。君人者隆礼尊贤而王，重法爱民而霸，好利多诈而危，权谋倾覆幽险而〔尽〕亡矣。

大王而思之，孰与物畜而〔制〕裁之[65]？从天而颂之，孰与制天命[66]而用之？望时而待之，孰与应时而使之？因物而多之，孰与骋能而化之[67]？思物而物之，孰与理物而勿失之也[68]？愿于物之所以生，孰与有物之所以成[69]？故错[70]人而思天，则失万物之情。

百王之无变，足以为道贯[71]。一废一起，应之以贯[72]，理贯不乱[73]。不知贯，不知应变。贯之大体未尝亡也[74]。乱生其差，治尽其详[75]。

故道之所善，中则可从，畸则不可为，匿则大惑[76]。〔水〕行水者表深[77]，表不明则陷。治民者表道，表不明则乱。礼者，表也。非礼，昏世也。昏世，大乱也。故道无不明，外内异表，隐显有常，民陷乃去[78]。

万物为道一偏，一物为万物一偏，愚者为一物一偏[79]，而自以为知道，无知也。慎子有见于后，无见于先[80]；老子有见于诎，无见于信[81]；墨子有见于齐，无见于畸[82]；宋子有见于少，无见于多[83]。有后而无先，则群众无门[84]；有诎而无信，则贵贱不分[85]；有齐而无畸，则政令不施[86]；有少而无多，则群众不化[87]。《书》[88]曰："无有作好，遵王之道；无有作恶，遵王之路。"[89]此之谓也。

---

[1]天行：天道，大自然的一切变化。　[2]本：言农桑。　[3]养备：生道备足。动时：勤力以时。　[4]贰（tè）：通"忒"，差错。　[5]逆：即今"逆"字。言不得其时。　[6]倍：通"背"，违背。　[7]薄（bó）：迫近，侵袭。

[8]言其所由之道使然。　[9]此言自然之化。　[10]如是：指上“不为而成，不求而得”。其人：至人。　[11]能：功力，言不超越自然功能替天别有作为。　[12]言人能尽天时地财而用之，则是参于天地。　[13]所以参：人治。愿：求。所参：自然之化，即天时、地财等。　[14]炤（zhào）：同“照”。　[15]言不见和养之事，但见物之生成，是之谓神，若有真宰然。　[16]言莫能知其所以然。　[17]此言人身亦天职、天功所成立，形体既具，意识随生，为好恶、喜怒、哀乐之府。此之谓所受于天之情。　[18]能：通“态”。　[19]不相能：言不能互相为用。天官：言官能皆天之所付。　[20]天君：言心，古人以心为思维器官，天使其为形体之君。

[21]财：同“裁”，选取。非其类：外于吾之物。养其类：取诸物类以养人。天养：言天使奉养之道如是。　[22]顺其类：言能裁。逆其类：言不能裁。天政：言此殆如天之政令。

[23]言昏乱其心。　[24]言溺于外物。　[25]言不能务本节用。　[26]言不能养其类。　[27]言好恶、喜怒、哀乐无节度。　[28]言丧天之生成之功。　[29]其所为：指人事。其所不为：指天职。　[30]言天地趋职，万物供役，并为吾用。

[31]言自修之政曲尽其治，养身之术曲尽其适。　[32]言生活顺遂，无所伤害。　[33]不为：不与天争职之类。不虑：不求知天之类。　[34]志：犹“知”。已：同“以”，由于。见：同“现”，显现。下并同。见象之可以期者：言如日月星辰运行有常期者。　[35]宜：土宜也。息：生息。　[36]见数：言春作、夏长、秋敛、冬藏，必然之时序规律。事：言顺时而理其

事。[37]言阴阳之和，可法之以为治。以上四者，言所知于天、地、四时、阴阳，皆所以为人事。[38]官人守天：言志于天、地、四时、阴阳，皆有专人掌管。自为守道：言君唯有守道（遵循自然规律）。[39]瑞历：即“历象”。象，谓璿玑玉衡，神其器，故言瑞。[40]畜：同“蓄”。[41]《诗经·周颂·天作》。[42]天作：天生。高山：言岐山。大王：即太王，周文王祖父。荒：大开辟。彼作：开创。康：安。言天生此岐山，太王自豳迁于此，则能尊大之。彼太王作此都，文王又能安之。取以喻吉凶由人。[43]匈匈：即“讻讻”，喧哗之声。[44]常体：一定的行为准则。[45]道：遵行。[46]逸诗。[47]言苟能守道，何畏人之言。[48]节：犹“适”。言是其偶然。[49]错（cuò）：放置。[50]言皆有慕有不慕。[51]县：同“悬”，悬隔。[52]队：同“坠”。[53]党：同“傥”，或许。党见：犹言或许见。[54]楛（kǔ）：粗恶不精。[55]薉：同“秽”，荒芜。[56]籴：买进粮食。[57]举错：同“举措”。[58]本事：农桑之事。[59]错：交错而至。[60]尔：近。言是三人妖者，较星坠木鸣之说为浅近。菑：同“灾”。[61]雩：求雨之祷。[62]得求：有所祈求而竟得之。言为此第示急于灾害，顺人之意，以文饰政事。[63]赫：明。[64]不睹乎外：睹，当为“睹”，显露。言珠在渊，玉在璞。[65]物畜而裁之：言（把天）当作物来畜养，而我裁制之。[66]制天命：裁制天之所命，即因顺自然。[67]言任物之自然长养，不如骋其智能，使其变化而蕃茂。[68]言思得万物以为己物，不如理物各得其宜，不使有所失丧。　[69]愿：欲求。物之所以生：在天。物之所以成：在人事。言求知天不如致力于人事。　[70]错：同前。　[71]百王无变者，谓礼。言礼可以为道之条贯。　[72]言虽质文兴废，时有不同，而要以礼为条贯。　[73]言知礼则其条贯不乱。　[74]言贯为道之不易者，故其大体，虽变乱之世，未尝亡。　[75]差：谬。言乱生于条贯之差谬，治极于条贯之精详。　[76]畸：偏侧。匿：同“慝”，邪僻。　[77]表：标准。表深：言于水深处立之表。　[78]言极详明，内外隐显各有其标准之常法，民之陷溺之患就能免去。　[79]言愚者且不能尽一物。　[80]慎到本黄、老之术，明不尚贤、不使能之道，无争先之意，故曰见后而不见先。　[81]诎：同“屈”。信（shēn）：通“伸”。老子之说多以屈为伸，以柔胜刚，故曰见诎而不见信。　[82]畸（jī）：不齐。墨子主尚同、兼爱之说，等视群众，故曰见齐而不见畸。　[83]宋钘主人之情为欲寡，欲多为过，故曰见少而不见多。　[84]言群众须得为之开导者；皆处后而不处先，则群众无进入之门户。　[85]言贵柔弱卑下，则无贵贱之别。[86]言势位均齐，则政令不行。　[87]言情欲多则可以劝诱群众，使化于善，若皆欲少，则无以化之。　[88]《尚书·洪范》。取以喻偏好则非王道。　[89]无有：不要。无：同“毋”，禁止之词。作好（hào）：以个人的爱好为爱好；作恶（wù）：以个人的厌恶为厌恶。

正 论

世俗之为说者曰："主道利周[1]。"

是不然。主者，民之唱也；上者，下之仪也[2]。彼将听唱而应，视仪而动。唱默则民无应也，仪隐则下无动也。不应不动，则上下无以相〔有〕胥也[3]。若是，则与无上同也，不祥莫大焉。故上者，下之本也，上宣明则下治辨矣[4]，上端诚则下愿悫矣，上公正则下易直矣。治辨则易一，愿悫则易使，易直[5]则易知。易一则强，易使则功，易知则明。是治之所由生也。上周密则下疑玄[6]矣，上幽险则下渐[7]诈矣，上偏曲则下比周[8]矣。疑玄则难一，渐诈则难使，比周则难知。难一则不强，难使则不功，难知则不明，是乱之所由作也。故主道利明不利幽，利宣不利周。故主道明则下安，主道幽则下危。〔故〕下安则贵上，下危则贱上。故上易知则下亲上矣，上难知则下畏上矣。下亲上则上安，下畏上则上危。故主道莫恶乎难知，莫危乎使下畏己。传曰："恶之者众则危。"《书》[9]曰："克明〔明〕德。"[10]《诗》[11]曰："明明在下。"[12]故先王明之，岂特玄之耳哉？

世俗之为说者曰：“桀、纣有天下，汤、武簒而夺之。”是不然。以桀、纣为常有天〔下〕子之籍则然，亲有天〔下〕子之籍则〔不〕然，天下谓在桀、纣则不然[13]。

古者天子千官，诸侯百官。以是千官也，令行于诸夏之国，谓之王；以是百官也，令行于境内，国虽不安，不至于废易遂亡[14]，谓之君。圣王之子也，有天下之后也，势籍之所在也，天下之宗室也，然而不材不中[15]，内则百姓疾之，外则诸侯叛之，近者境内不一，遥者诸侯不听，令不行于境内，甚者诸侯侵削之，攻伐之。若是，则虽未亡，吾谓之无天下矣。圣王没，有势籍者罢[16]不足以县天下，天下无君，诸侯有能德明威积，海内之民莫不愿得以为君师。然而暴国独侈，安〔能〕诛之[17]，必不伤害无罪之民，诛暴国之君若诛独夫[18]。若是，则可谓能用天下矣。能用天下之谓王。汤、武非取天下也，修其道，行其义，兴天下之同利，除天下之同害，而天下归之也。桀、纣非去天下也[19]，反禹、汤之德，乱礼义之分，禽兽之行，积其凶，全其恶，而天下去之也。天下归之之谓王，天下去之之谓亡。故桀、纣无天下而汤、武不弑君，由此效之也[20]。汤、武者，民之父母也；桀、纣者，民之怨贼也。今世俗之为说者，以桀、纣为君而以汤、武为弑，然则是诛民之父母而师民之怨贼也，不祥莫大焉。以天下之合为君[21]，则天下未尝合于桀、纣也。然则以汤、武为弑，则〔天下〕未尝有说也，直堕[22]之耳。

故天子唯其人。天下者，至重也，非至强莫之能任；至大也，非至辨莫之能分；至众也，非至明莫之能和。此三至者，非圣人莫之能尽，故非圣人莫之能王。圣人备道全美者也，是县天下之权称也[23]。桀、纣者，其知虑至险也，其至[24]意至暗也，其行〔之〕为至乱也；亲者疏之，贤者贱之，生民怨之，禹、汤之后也，而不得一人之与[25]；刳比干，囚箕子，身死国亡，为天下之大僇，后世之言恶者必稽焉[26]，是不容妻子之数[27]也。故至贤畴[28]四海，汤、武是也；至罢不容妻子，桀、纣是也。今世俗之为说者，以桀、纣为有天下而臣汤、武，岂不过甚矣哉？譬之是犹伛巫、跛匡[29]，〔大〕而自以为有知也。

故可以有夺〔人〕国，不可以有夺〔人〕天下；可以有窃国，不可以有窃天下也[30]。〔可以〕夺之者可以有国，而不可以有天下；窃可以得国，而不可以得天下。是何也？曰：国，小具也，可以小人有也，可以小道得也，可以小力持也；天下者，大具也，不可以小人有也，不可以小道得也，不可以小力持也。国者，小人可以有之，然而未必不亡也；天下者，至大也，非圣人莫之能有也。

世俗之为说者曰："治古无肉刑而有象刑[31]，墨黥[32]，慅婴[33]，共艾毕[34]，菲〔对〕屦[35]，杀赭衣而不纯[36]，治古如是。"

是不然。以为治邪？则人固莫触罪，非独不用肉刑，亦不用象刑矣。以为人或触罪矣，而直轻其刑，然则是杀人者不死，伤人者不刑也。罪至重而刑至轻，庸人不知恶矣，乱莫大焉。凡刑人之本，禁暴恶恶，且征其未也[37]。杀人者不死而伤人者不刑，是谓惠暴而宽贼也，非恶恶也。故象刑殆非生于治古，并起于乱今[38]也。

治古不然。凡爵列、官职、赏庆、刑罚，皆报[39]也，以类相从者也。一物失称，乱之端也。夫德不称位，能不称官，赏不当功，罚不当罪，不祥莫大焉。昔者武王伐有[40]商，诛纣，断其首，县之赤旆[41]。夫征暴诛悍，治之盛也。杀人者死，伤人者刑，是百王之所同也，未有知其所由来者也。

刑称罪则治，不称罪则乱。故治则刑重，乱则刑轻，犯治之罪固重，犯乱之罪固轻也。《书》[42]曰："刑罚世轻世重。"[43]此之谓也。

世俗之为说者曰："汤、武不能禁令[44]，是何也？曰：楚、越不受制。"

是不然。汤、武者，至[45]天下之善禁令者也。汤居亳，武王居鄗，皆百里之地也，天下为一，诸侯为臣，通达之属莫不振动从服以化顺[46]之，曷为楚、越独不受制也？

彼王者之制也，视形势而制械用[47]，称远迩而等[48]贡献，岂必齐哉！故鲁人以糖，卫人用柯，齐人用一革[49]。土地刑制不同者，械用备饰不可不异也。故诸夏之国同服同仪[50]，蛮、夷、戎、狄之国同服不同制。封内甸服[51]，封外侯服[52]，侯卫宾服[53]，蛮夷要服[54]，戎狄荒服[55]。甸服者祭，侯服者祀，宾服者享，要服者贡，荒服者终王[56]。日祭、月祀、时享、岁贡，终王，夫是之谓视形势而制械用，称远近而等贡献，是王者之〔至〕制也。

彼楚、越者，且时享、岁贡、终王之属也，必齐之日祭、月祀之属然后曰受制邪？是规磨之说也[57]。〔沟中之瘠也，则未足与及王者之制也〕语曰："浅不足与测深，愚不足与谋知，坎井之蛙不可与语东海之乐，沟中之瘠[58]未足与及王者之制。"此之谓也。

世俗之为说者曰："尧、舜擅让[59]。"

是不然。天子者，势位至尊，无敌于天下，夫有谁与让矣[60]？道德纯备，政惠甚明，南面而听天下，生民之属莫不振动从服以化顺之，天下无隐士，无遗善，同焉者是也，异焉者非也，夫有恶擅天下矣？

曰："死而擅之[61]。"

是又不然。圣王在上，〔图〕决德而定次，量能而授官，皆使民载其事而各得其宜，不能以义制利，不能以伪饰性，则兼以为民[62]。圣王已没，天下无圣，则固莫足以擅天下矣。天下有圣而在后子[63]者，则天下不离，朝不易位，国不更制，天下厌然与乡无以异也[64]，以尧继尧，夫又何变之有矣？圣不在后子而在三公，则天下如归，犹复而振之矣[65]，天下厌然与乡无以异也，以尧继尧，夫又何变之有矣？唯其徙朝改制为难[66]。故天子生则天下一隆，致顺而治[67]，〔论〕决德而定次，死则能任天下者必有之矣。夫礼义之分尽矣，擅让恶用矣哉[68]？

曰："老衰而擅[69]。"

是又不然。血气筋力则有衰，若夫智虑取舍则无衰。曰："老者不堪其劳而休也。"是又畏事者之议也。天子者，势至重而形至佚，心至愉而志无所诎，〔而〕形不为劳，尊无上矣。衣被则服五采，杂间色[70]，重文绣，加饰之以珠玉；食饮则重大牢而备珍怪，期臭味[71]，曼而馈[72]，〔代睪〕伐皋[73]而食，《雍》而彻乎五祀[74]，执荐者百人侍西房[75]；居则设张容，负依而〔坐〕立[76]，诸侯趋走乎堂下；出户而巫觋有事[77]，出门而宗〔祀〕祝有事[78]，乘大路、趋越席以养安[79]，侧载睪芷以养鼻[80]，前有错衡[81]以养目，和鸾之声，步中《武》《象》，驺中《韶》《護》以养耳[82]，三公奉軶持纳[83]，诸侯持轮，挟舆先马[84]，大侯编后，大夫次之，小侯、元士次之[85]，庶士介而夹道[86]，庶人隐窜，莫敢视望；居如大神，动如天帝。持老养衰，犹有善于是者〔与〕不与[87]？老者，休也，休犹有安乐恬愉如是者乎？故曰：诸侯有老，天子无老[88]。

有擅国，无擅天下，古今一也。夫曰"尧、舜擅让"，是虚言也，是浅者之传[89]，陋者之说也，不知逆顺之理，小大、至不至[90]之变者也，未可与及天下之大理者也。

世俗之为说者曰："尧、舜不能教化，是何也？曰：朱、象[91]不化。"

是不然也。尧、舜至天下之善教化者也，南面而听天下，生民之属莫不振动从服以化顺之。然而朱、象独不化，是非尧、舜之过，朱、象之罪也。尧、舜者，天下之英也；朱、象者，天下之嵬，一时之琐也[92]。今世俗之为说者不怪朱、象，而非尧、舜，岂不过甚矣哉！夫是之谓嵬说。羿、蜂门者，天下之善射者也，不能以拨弓[93]曲矢中微；王梁、造父者，天下之善驭者也，不能以辟[94]马毁舆致远；尧、舜者，天下之善教化者也，不能使嵬琐化。何世而无嵬，何时而无琐，自太皞、燧人莫不有也。故作者不祥，学者受其殃，非者有庆[95]。《诗》[96]曰："下民之孽，匪降自天。噂沓背憎，职竞由人[97]。"此之谓也[98]。

世俗之为说者曰："太古薄葬，棺厚三寸，衣衾三领[99]，葬田不妨田[100]，故不掘也。乱今厚葬饰棺，故抇[101]也。"

是不及知治道，而不察于抇不抇者之所言也。凡人之盗也，必以有为[102]，不以备不足，〔足〕则以重有余也。而圣王之生民也，皆使〔当〕富厚，优犹[103]〔不〕知足，而不得以有余过度。故盗不窃，贼不〔刺〕刺[104]，狗豕吐菽粟，而农贾皆能以货财让[105]；风俗之美，男女自不取于涂，而百姓羞拾遗。故孔子曰："天下有道，盗其先变乎[106]。"虽珠玉满体，文绣充棺，黄金充椁，加之以丹矸，重之以曾青[107]，犀象以为树，琅玕、龙兹、华觐以为实[108]，人犹且莫之抇也。是何也？则求利之诡缓，而犯分之羞大也[109]。

夫乱今然后反是。上以无法使，下以无度行，知者不得虑，能者不得治，贤者不得使[110]。若是，则上失天性，下失地利，中失人和。故百事废，财物诎而祸乱起。王公则病不足[111]于上，庶人则冻馁羸瘠于下。于是焉桀、纣群居，而盗贼击夺以危上矣。安禽兽行，虎狼贪，故脯巨人而炙婴儿矣[112]。若是，则有何尤扫人之墓，抉人之口而求利矣哉[113]？虽此倮而薶之，犹且必扫也，安得葬薶哉[114]！彼乃将食其肉而龁其骨也[115]。

夫曰："太古薄葬，故不扫也；乱今厚葬，故扫也。"是特奸人之误于乱说，以欺愚者而〔潮〕淖陷之以偷取利焉[116]。夫是之谓大奸。传曰："危人而自安，害人而自利。"此之谓也。

子宋子[117]曰："明见侮之不辱，使人不斗。人皆以见侮为辱，故斗也；知见侮之为不辱，则不斗矣。"

应之曰："然则亦以人之情为不恶侮乎？"

曰："恶而不辱也[118]。"

曰："若是，则必不得所求焉[119]。凡人之斗也，必以其恶之为说，非以其辱之为故也[120]。今俳优、侏儒、狎徒詈侮而不斗者，是岂钜知[121]见侮之为不辱哉？然而不斗者，不恶故也。今人或入其〔央〕缺渎[122]，窃其猪彘，则援剑戟而逐之，不避死伤。是岂以丧猪为辱也哉？然而不惮斗者，恶之故也。虽以见侮为辱也，不恶则不斗；虽知见侮为不辱，恶之则必斗。然则斗与不斗邪，亡于[123]辱之与不辱也，乃在于恶之与不恶也。夫今子宋子不能解人之恶侮，而务说人以勿辱也，岂不过甚矣哉！金〔舌〕口弊〔口〕舌[124]，犹将无益也。不知其无益，则不知[125]；知其无益也，直以欺人，则不仁。不仁不知，辱莫大焉。将以为有益于人，则与[126]无益于人也。则得大辱而退耳。说莫病是矣。”

子宋子曰：“见侮不辱。”

应之曰：凡议，必将立隆正[127]然后可也。无隆正则是非不分而辨讼不决。故所闻曰：“天下之大隆[128]，是非之封界，分职名象[129]之所起，王制是也。”故凡言议期命[130]，〔是〕莫非以圣王为师。而圣王之分，荣辱是也[131]。

是有两端矣[132]。有义荣者，有势荣者；有义辱者，有势辱者。志意修，德行厚，知虑明，是荣之由中出者也，夫是之谓义荣。爵列尊，贡禄厚，形势胜，上为天子诸侯，下为卿相士大夫，是荣之从外至者也，夫是之谓势荣。流淫污僈，犯分乱理，骄暴贪利，是辱之由中出者也，夫是之谓义辱。詈侮捽搏[133]，捶笞膑脚[134]，斩断枯磔[135]，藉靡舌绁[136]，是辱之由外至者也，夫是之谓势辱。是荣辱之两端也。

故君子可以有埶辱，而不可以有义辱；小人可以有势荣，而不可以有义荣。有势辱无害为尧，有势荣无害为桀。义荣、势荣，唯君子然后兼有之；义辱、势辱，唯小人然后兼有之。是荣辱之分也。圣王以为法，士大夫以为道，官人以为守，百姓以〔为〕成俗[137]，万世不能易也。

今子宋子案不然，独诎容为己，虑一朝而改之[138]，说必不行矣。譬之是犹以〔抟〕抟涂塞江海也，以焦侥而戴太山也[139]，蹎跌碎折不待顷矣[140]。二三子之善于子宋子者，殆不若止之[141]，将恐〔得〕复伤其体也。

子宋子曰："人之情，欲寡，而皆以己之情为欲多，是过也。"[142]故率其群徒，辨其谈说，明其譬称，将使人知情〔欲〕之欲寡也。

应之曰："然则亦以人之情为〔欲〕，目不欲綦色，耳不欲綦声，口不欲綦味，鼻不欲綦臭，形不欲綦佚。此五綦者，亦以人之情为不欲乎？"

曰："人之情欲是[143]已。"

曰："若是，则说必不行矣。以人之情为欲此五綦者而不欲多，譬之是犹以人之情为欲富贵而不欲货也，好美而恶西施也。古之人为之不然。以人之情为欲多而不欲寡，故尝以富厚而罚以杀损也[144]，是百王之所同也。故上贤禄[145]天下，次贤禄一国，下贤禄田邑，愿悫之民完衣食。今子宋子以是之情为欲寡而不欲多也，然则先王以人之所不欲者赏，而以人之所欲者罚邪？乱莫大焉。今子宋子严然而好说[146]，聚人徒，立师学，成文〔曲〕典，然而说不免于以至治为至乱也，岂不过甚矣哉！"

---

[1]周：密。言人主之道，利乎隐密其情，不使下知。

[2]唱：倡，发号令者。仪：表率，准则。 [3]胥：即今“须”字。言上不导其下，则下无以效其上，是上下不相须。 [4]宣：露。辨：同“办”，亦治。 [5]易直：平易正直。 [6]玄：同“眩”，惑。 [7]渐：亦诈。 [8]比周：结党营私。 [9]《尚书·康诰》。 [10]言文王。 [11]《诗经·大雅·大明》。 [12]言文王之德明明在下。 [13]常有：言世相及。籍：位。亲有：言身为天子。天下谓在桀、纣则不然：言如谓天下之心归桀、纣，则不然。 [14]遂：通“坠”。言坠其业。 [15]不中：不中正。 [16]罢（pí）：弱不任事。 [17]暴国：指如桀、纣者。独侈：言独为奢汰放纵也。安：犹“则”。 [18]独夫：言天下皆去，无助之者，若一夫然。 [19]言天下自去。 [20]效：验，证。 [21]言以天下之所共向往者为君。 [22]堕：诋毁。 [23]言悬天下如权称知轻重。 [24]至：通“志”。 [25]与：党与。 [26]言恶者必稽考桀、纣以为镜鉴。 [27]数：犹道。 [28]畴：通“俦”，俦匹。 [29]匡：女巫。 [30]夺国、窃国：言占有其土地人民也。夺天下、窃天下：言强服天下之心。 [31]治古：古之治世。肉刑：如墨、劓、剕、宫，残及肢体者。象刑：异其章服以辱之。 [32]墨刑，一名“黥”，刻面而涅（涂黑）之。此云“墨黥”，盖以墨画代黥，不加刻涅。 [33]慅：通“草”。婴：即“缨”。二字上殆脱“劓”字。言使罪人服草缨以当劓刑。 [34]共：通“宫”。艾：通“刈”。毕：同“韠”，古代朝服的蔽膝，所以蔽前。言应受宫刑者，则斩刈其韠以代之。 [35]菲：通“剕（fèi）”，断足

之刑。绀（běng），麻。言以麻屦代剕刑。[36]杀：杀罪。赭（zhě）：赤褐色。纯：缌边。言让犯人赭衣不缘代大辟。[37]征：通“惩”。未：言未来。[38]乱今：今之乱世，与“治古”相对。[39]言善恶之报。[40]有：助词。凑足音节。有商：即商。[41]旆（pèi）：同“旆”，旗帜。言古今所同，难追溯其创始者是谁。[42]《尚书·吕刑》。[43]言世有治乱，故法有轻重。[44]言禁令不能遍施。[45]至：犹极。[46]化顺：言服其化而归顺之。[47]言依情形不同来制造机械器用。[48]等：差。[49]方言云，“碗谓之‘槽’，盂谓之‘柯’。一革：不详。或即鸱夷，盖革制而类于碗、盂之器。此言诸国人各以其土物贡献。[50]服：事。言服事王者。仪：言制度。[51]封内：王畿之内。甸服：《禹贡》：“五百里甸服”。言为天子耕种公田。[52]封外：畿外也。侯服：《禹贡》：“五百里侯服”。侯：候。言斥候而服事王。[53]侯：侯圻；卫：卫圻，皆侯服以外，中国之界以内之地。宾服：言按时进贡朝见天子。[54]卫服之外五百里曰“蛮服”。又其外五百里曰“夷服”。要服：言要束以文教，使之从服。[55]此言更远之地也。荒：言荒忽无常。[56]祭：日祭于祖考。祀：月祀于曾祖。享：时（四季）享于二祧（文、武庙）。贡：岁贡于壤墠（供祭祀用的经过清扫的场地）。终王：言世终朝嗣王。[57]磨：通“摩”。言猜度揣摩、未必无失之说。[58]言冻馁于沟壑之乞人。[59]擅：通“禅”，禅让。言世俗以为尧、舜德厚，故禅让圣贤，后世德薄，故父子相继；且谓尧、舜之举有好名之意。

[60]有：通“又”。谁与让：言无势位与敌者，则无与让之。[61]言或者既以生无禅让之事，因谓尧、舜预求圣贤，至死后而禅之。　[62]伪：同“为”，作为。言不能以义制利、以伪饰性者，则兼并之，令尽为民氓。　[63]后子：嗣子。　[64]厌然：顺服貌。乡：同“向”，从前。　[65]后子：指丹朱、商均。三公：指尧、舜、禹。言犹天下已去而衰息，今使之来复而振起。　[66]徙朝改制：言殊徽号，异制度。为难：言是为难而不忍者。言后世见有是改易，遂以为禅让。　[67]一隆：言有专尊也。致：极。　[68]言让者，礼义之名；今圣王但求其能任天下者传之，则尽礼义之分，岂复求禅让之名？　[69]言或者既以非死而禅之，因谓尧、舜盖老衰而禅之。　[70]衣被：犹言衣着。服五采：言备五色（青、赤、黄、白、黑）。间色：红碧之属。　[71]大牢：牛、羊、豕全备。珍怪：奇异之食。期：通“綦”，极。臭味：香味。　[72]曼：通“缦”，杂声之和乐者。言奏缦而进膳。　[73]伐皋：击鼓。皋：通“鼛”，大鼓。　[74]《雍》：乐章名。徹：撤。灶为五祀之一，此“五祀”即灶之代言。言奏《雍》而撤馔于灶。[75]执荐：执荐陈之物，如笾豆之属。西房：西厢。　[76]张：同“帐”。容：所以自防隐，如今之屏风。依：亦作“扆”，户牖之间。　[77]出户：出内门。求神祈福禳灾和占卜吉凶者。女曰巫，男曰觋（xí）。有事：言祓除不祥。　[78]出门：车驾出国门。宗：主祭祀之官；祝：大祝，掌祈福祥之官。有事：言祭行神。　[79]大路：即大辂，天子之车。越席：结蒲为席。养安：言恐其不安，以此和养之。　[80]侧：旁侧。载：置。睪

芷：香草。言常置香草于左右以养鼻。 [81]衡：车前横木。错：刻画之使有错综之文。 [82]和、鸾：皆车上铃。和在轼前，鸾在衡。《武》《象》《韶》《護》：皆乐名。驺，通“趋”。言车行或缓或速，铃声皆中节奏，此所以养耳。

[83]軏：同“轭”，驾车时加在牲口颈上的曲木。纳：同“軜”，骖马内辔系轼前者。 [84]持轮：犹扶轮。挟舆：在车之左右。先马：导马。 [85]大侯：国稍大，在五等之列者。编后：排列于后。小侯：僻远小国及附庸。元士：上士。

[86]庶士：军士也。介：被甲。 [87]不：同“否”。

[88]言天子安乐恬愉之极，故不老衰。 [89]传：传说。

[90]至、不至：言天子至重至佚至愉，诸侯不至重至佚至愉。

[91]朱：尧之子；象：舜之弟。 [92]嵬、琐：犹言委琐，至不堪之人，与“英”相对。 [93]拨弓：不正之弓。 [94]辟：同“躄”。 [95]作者：言作世俗之说者。不祥：不善。学者：言从而传述之者。非者：言非而辟之者。庆：庆幸。

[96]《诗经·小雅·十月之交》。 [97]噂（zǔn）：聚。沓（tà）：重复。职：主。竞：力。言下民之孽，非天所为；噂噂沓沓多言以相说，而背则相憎，专力为此者，皆由谗口之人。

[98]自“故作者不祥”至此三十六字疑是错简。 [99]三领：三件。 [100]言平葬无丘陇之识，故葬于田而不妨田。

[101]扣（hú）：掘。言发冢。 [102]言其意必有所为。

[103]优犹：宽泰。 [104]刺：探取。 [105]吐：弃。言富厚之极，人兽皆不争。 [106]言自无须为盗。 [107]丹矸：丹砂。曾青：铜青。言以丹青饰棺椁。 [108]犀、象：犀角象

齿。树：树之于圹中。琅玕：似珠。龙兹、华覲，殆珠玉名。实：言犀、象树圹中，而以是诸物实其隙。　[109]诡：责。言求利之罪责犹非所措意，而犯分之羞惭实重大莫能任。[110]使：在位使人。　[111]病不足：忧虑财物不足。　[112]此甚言其残酷。　[113]抉人之口：以死人口含金珠，故抉而取之。　[114]虽此：犹云“此虽”。倮：同“裸”，露身。薶：同“埋”。言虽裸葬亦且遭掘，不得久薶而不发。　[115]龁（hé）：咬。[116]淖陷：言使陷于不孝不仁，如在泥淖。偷取利：言生者苟为节省以自利。　[117]子宋子：宋钘。　[118]言虽恶其侮而不以为辱。　[119]所求：言宋子所企求之不斗。[120]言凡斗原于恶，不由于辱。　[121]钜：通“讵”，亦岂；岂钜为复语，犹言“岂知”。　[122]渎：古通“窦”。缺窦：可潜逾之穴。　[123]亡于：言无与于，不在于。　[124]金：通“唫”，闭口不言。弊：通“敝”。　[125]知（zhì）：智。　[126]与：通“举”，皆。　[127]隆正：中正之标准。　[128]大隆：大中正之标准。　[129]名象：名物制度。　[130]期：物之所会。命：名物。　[131]言圣王以荣辱为人之大分。　[132]言荣辱各有二。　[133]捽：持头，抓头发。搏：手击。　[134]捶、笞：均杖击。膑脚：刖其膝骨。[135]枯磔：车裂其体。　[136]藉：见凌藉。靡：见系缚。舌绁：或谓即庄子所云“舌举而不下”，意即辞穷，亦耻辱。[137]言上下皆以荣辱为治。　[138]案：犹则。詘容为己：言屈容忍辱，以为持躬之道。詘：屈。虑：谋。　[139]抟涂：抟涂泥。抟，同“抟”。焦侥：短人。　[140]蹎：为“颠”之本字，僵仆也。顷：少顷。　[141]言息其说。　[142]言人之情当欲其寡少，而世之人以为情欲其盛多，是过也。　[143]是：此。言上五綦。　[144]杀（shā）：减也。言以富厚赏之，以减损罚之。　[145]禄：受禄。　[146]严：通“俨”。好（hào）说：自喜其说。

礼　论

礼起于何也？曰：人生而有欲，欲而不得，则不能无求；求而无度量分界，则不能不争；争则乱，乱则穷[1]。先王恶其乱也，故制礼义[2]以分之，以养人之欲，给人之求。使欲必不穷乎物，物必不屈于欲，两者相持而长[3]，是礼之所起也。

故礼者，养也。刍豢稻粱，五味调〔香〕盉[4]，所以养口也；椒兰芬苾[5]，所以养鼻也；雕琢、刻镂、黼黻、文章，所以养目也；钟鼓、管磬、琴瑟、竽笙，所以养耳也；疏房、檖貌、越席、床笫、几筵[6]，所以养体也。故礼者，养也。

君子既得其养，又好其别。曷谓别？曰：贵贱有等，长幼有差，贫富轻重皆有称[7]者也。故天子大路[8]越席，所以养体也；侧载睪芷[9]，所以养鼻也；前有错衡[10]，所以养目也；和鸾之声[11]，步中《武》《象》，趋中《韶》《護》，所以养耳也；龙旗九斿，所以养信也[12]；寝兕、〔持〕特虎、蛟韅、丝末、弥龙[13]，所以养威也；故大路之马必〔倍〕信至教顺[14]，然后乘之，所以养安也。孰知夫出死要节之所以养生也[15]？孰知夫出费用之所以养财也[16]？孰知夫恭敬辞让之所以养安也？孰知夫礼义文理之所以养情也[17]？故人苟生之为见，若者必死[18]；苟利之为见，若者必害[19]；苟怠惰偷懦之为安，若者必危；苟情说[20]之为乐，若者必灭。故人一之于礼义，则两得之矣[21]；一之于情性，则两丧之矣。故儒者将使人两得之者也，墨者将使人两丧之者也。是儒、墨之分也。

礼有三本：天地者，生之本也；先祖者，类[22]之本也；君师者，治之本也。无天地恶生？无先祖恶出？无君师恶治？三者偏亡[23]焉，无安人。故礼上事天，下事地，尊先祖而隆君师，是礼之三本也。

故王者天太祖[24]，诸侯不敢坏[25]，大夫士有常宗[26]，所以别贵〔始〕贱。贵〔始得〕贱，治德之本也。郊[27]止乎天子，而社〔止〕至于诸侯[28]，道及士大夫[29]，所以别尊者事尊，卑者事卑，宜大者巨，宜小者小也。故有天下者事〔十〕七世，有一国者事五世，有五乘之地者[30]事三世，有三乘之地者事二世，持手而食者[31]不得立宗庙，所以别积[32]厚〔积厚〕者流泽广，积薄者流泽狭也。

大飨，尚玄尊，俎生鱼，先大羹[33]，贵食饮之本也。飨，尚玄尊而用酒醴，先黍稷而饭稻粱[34]，祭，齐大羹而饱庶羞，贵本而亲用也[35]。贵本之谓文，亲用之谓理[36]。两者合而成文[37]，以归大一，夫是之谓大隆[38]。故尊之尚玄酒也，俎之尚生鱼也，俎之先大羹也，一也[39]。利爵之不醮也，成事之俎不尝也，三臭之不食也，一也[40]。大昏之未发齐也，大庙之未入尸也，始卒之未小敛也，一也[41]。大路之素〔未集〕末也，郊之麻绕也，丧服之先散麻也，一也[42]。三年之丧，哭之不〔文〕反也，清庙之歌，一倡而三叹也，县一钟，尚拊〔之〕膈，朱弦而通越也，一也[43]。

凡礼，始乎〔棁〕脱，成乎文，终乎〔悦校〕隆[44]。故至备，情文俱尽；其次，情文代胜[45]；其下，复情[46]以归大一也。天地以合，日月以明，四时以序，星辰以行，江河以流，万物以昌，好恶以节，喜怒以当，以为下则顺，以为上则明，万〔物〕变〔而〕不乱，〔贰〕貣[47]之则丧也。礼岂不至矣哉！立隆以为极[48]，而天下莫之能损益也。本末相顺[49]，终始相应，至文以有别，至察以有说[50]。天下从之者治，不从者乱；从之者安，不从者危；从之者存，不从者亡。小人不能测也。

礼之理诚深矣，"坚白"、"同异"之察入焉而溺；其理诚大矣，擅作典制辟陋之说入焉而丧；其理诚高矣，暴慢、恣睢、轻俗以为高之属入焉而队[51]。故绳墨诚陈矣，则不可欺以曲直；衡诚县矣，则不可欺以轻重；规矩诚设矣，则不可欺以方圆；君子审于礼，则不可欺以诈伪。故绳者，直之至；衡者，平之至；规矩者，方圆之至；礼者，人道之极也。然而不法礼，不足礼，谓之无方之民；法礼足礼，谓之有方之士[52]。礼之中焉能思索，谓之能虑；礼之中焉能勿易，谓之能固[53]。能虑能固，加好之者焉，斯圣人矣。故天者，高之极也；地者，下之极也；无穷者，广之极也；圣人者，道之极也。故学者固学为圣人也，非特学为无方之民也。

礼者，以财物为用，以贵贱为文，以多少为异[54]，以隆杀为要[55]。文理繁，情用省，是礼之隆也[56]；文理省，情用繁，是礼之杀也[57]；文理、情用相为内外、表里，并行而杂，是礼之中流也[58]。故君子上致其隆，下尽其杀，而中处其中[59]。步骤、驰骋、厉鹜[60]，不外是矣。是君子之坛宇、宫廷[61]也。人有是，士君子也；外是，民也；于是其中焉，方皇周挟[62]，曲得其次序，是圣人也。故厚者，礼之积也；大者，礼之广也；高者，礼之隆也；明者，礼之尽也[63]。《诗》[64]曰："礼仪卒度，笑语卒获。"[65]此之谓也。

礼者，谨于治生死者也。生，人之始也；死，人之终也。终始俱善，人道毕矣。故君子敬始而慎终。终始如一，是君子之道，礼义之文也。夫厚其生而薄其死，是敬其有知而慢其无知也，是奸人之道而倍叛之心也。君子以倍叛之心接臧穀[66]，犹且羞之，而况以事其所隆亲乎！故死之为道也，一而不可得再复也，臣之所以致重其君，子之所以致重其亲，于是尽矣。故事生不忠厚、不敬文谓之野；送死不忠厚、不敬文谓之瘠[67]。君子贱野而羞瘠，故天子棺椁〔十〕七重，诸侯五重，大夫三重，士再重，然后皆有衣〔衾〕食[68]多少厚薄之数，皆有〔翣菨〕菨翣[69]文章之等以敬饰之，使生死终始若一，一足以为人愿[70]，是先王之道，忠臣孝子之极也。天子之丧动四海，属[71]诸侯；诸侯之丧动通国[72]，属大夫；大夫之丧动一国，属修士[73]；修士之丧动一乡，属朋友；庶人之丧合族党，动州里；刑余罪人之丧不得合族党，独属妻子，棺椁三寸，衣衾三领，不得饰棺，不得昼行，以昏殣，凡缘而往埋之[74]，反无哭泣之节，无衰麻之服，无亲疏月数之等，各反其平，各复其始[75]，已葬埋，若无丧者而止，夫是之谓至辱。

礼者，谨于吉凶不相厌者也[76]。纩听息之时，则夫忠臣孝子亦知其闵已[77]。然而殡敛之具未有求也；垂涕恐惧，然而幸生之心未已，持生之事未辍也[78]。卒矣，然后作具之。故虽备〔家〕物，必逾日然后能殡，三日而成服[79]。然后告远者出矣，备物者作矣。故殡久不过七十日，速不损五十日。是何也？曰：远者可以至矣，百求可以得矣，百事可以成矣，其忠至矣，其节大矣，其文备矣。然后月朝卜日，月夕卜宅[80]，然后葬也。当是时也，其义止，谁得行之？其义行，谁得止之？故三月之葬，其貌以生设饰死者也[81]，殆非直留死者以安生也。是致隆思慕之义也。

丧礼之凡[82]：变而饰[83]，动而远[84]，久而平[85]。故死之为道也，不饰则恶，恶则不哀，尒则玩[86]，玩则厌，厌则忘，忘则不敬。一朝而丧其严亲[87]，而所以送葬之者不哀不敬，则嫌[88]于禽兽矣，君子耻之。故变而饰，所以灭恶也；动而远，所以遂敬也；久而平，所以优生[89]也。

礼者，断长续短，损有余，益不足，达爱敬之文，而滋成行义之美者也[90]。故文饰、粗恶，声乐、哭泣，恬愉、忧戚，是反也，然而礼兼而用之，时举而代御[91]。故文饰、声乐、恬愉，所以持平奉吉也；粗〔衰〕恶、哭泣、忧戚，所以持险奉凶也。故其立文饰也，不至于窕冶[92]；其立粗〔衰〕恶也，不至于瘠弃[93]；其立声乐、恬愉也，不至于流淫惰慢；其立哭泣、哀戚也，不至于隘慑[94]伤生，是礼之中流也。

故情貌之变足以别吉凶，明贵贱亲疏之节，〔期〕斯止矣；外是，奸也，虽难，君子贱之。故量食而食之，量要[95]而带之。相高以毁瘠，是奸人之道也，非礼义之文也，非孝子之情也，将以有为[96]者也。故说豫娩泽，忧戚萃恶[97]，是吉凶忧愉之情发于颜色者也。歌谣謸笑，哭泣谛号[98]，是吉凶忧愉之情发于声音者也。刍豢、稻粱、酒醴、〔餰鬻〕鱼肉，餰鬻、菽藿、〔酒〕水浆[99]，是吉凶忧愉之情发于食饮者也。卑绕、黼黻、文织，资粗、衰绖、菲繐、菅屦[100]，是吉凶忧愉之情发于衣服者也。疏房、檖貌、越席、床笫、几筵，属茨、倚庐、席薪、枕块[101]，是吉凶忧愉之情发于居处者也。两情者，人生固有端焉[102]。若夫断之继之，博之浅之，益之损之，类之尽之，盛之美之，使本末终始莫不顺比，足以为万世则，则是礼也。非顺孰修为[103]之，君子莫之能知也。

故曰：性者，本始材朴也；伪者，文理隆盛也[104]。无性则伪之无所加，无伪则性不能自美。性伪合，然后成圣人之名一，天下之功于是就也。故曰：天地合而万物生，阴阳接而变化起，性伪合而天下治。天能生物，不能辨物也；地能载人，不能治人也；宇中万物、生人之属，待圣人然后分也。《诗》曰："怀柔百神，及河乔岳。"[105]此之谓也。

丧礼者，以生者饰死者也，大象其生以送其死也。故〔如〕事死如生，〔如〕事亡存，终始一也。始卒，沐浴、鬠体、饭唅，象生〔亵〕术也[106]。不沐则濡栉三律而止，不浴则濡巾三式而止[107]。充耳而设瑱[108]，饭以生稻，唅以槁骨，反生术矣[109]。说亵衣，袭三称，缙绅而无钩带矣[110]。设掩面儇目，鬠而不冠笄矣[111]。书其名，置于其重，则名不见而柩独明矣[112]。荐器则冠有鍪而毋纵[113]，瓮、庑[114]虚而不实，有簟席而无床笫[115]，木器不成斲，陶器不成物，薄器不成〔内〕用[116]，笙竽具而不和，琴瑟张而不均[117]，舆藏而马反，告不用也。具生器以适墓，象徙道也[118]。略而不尽，貌而不功，趋舆而藏之，金革辔靷而不入，明不用也[119]。象徙道，又明不用也，是皆所以重哀也。故生器文而不功，明器[120]貌而不用。凡礼，事生，饰欢也；送死，饰哀也；祭祀，饰敬也；师旅，饰威也。是百王之所同，古今之所一也，未有知其所由来者也。故圹垄[121]，其貌象室屋也；棺椁，其貌象版盖〔斯象〕靳拂[122]也；无帾丝歶〔缕〕萎翣，其貌以象菲帷帱尉也[123]。抗折，其貌以象槾茨番阏也[124]。故丧礼者，无它焉，明死生之义，送以哀敬而终周藏也。故葬埋，敬藏其形也；祭祀，敬事其神也；其铭、诔、系世[125]，敬传其名也。事生，饰始也；送死，饰终也。终始具而孝子之事毕，圣人之道备矣。刻死而附生谓之墨，刻生而附死谓之惑[126]，杀生而送死[127]谓之贼。大象其生以送其死，使死生终始莫不称宜而好善，是礼义之法式也，儒者是矣。

三年之丧，何也？

曰：称情而立文[128]，因以饰群，别亲疏、贵贱之节，而不可益损也。故曰：无适不易[129]之术也。创巨者其日久，痛甚者其愈迟，三年之丧，称情而立文，所以为至痛极也。齐衰，苴杖[130]，居庐，食粥，席薪，枕块，所以为至痛饰也。三年之丧，二十五月而毕，哀痛未尽，思慕未忘，然而礼以是断之者，岂不以送死有已，复生[131]有节也哉？凡生乎天地之间者，有血气之属必有知，有知之属莫不爱其类。今夫大鸟兽则[132]失亡其群匹，越月逾时，则必反铅[133]；过故乡，则必徘徊焉，鸣号焉，踯躅焉，踟蹰焉，然后能去之也。小者是燕爵[134]，犹有啁噍之顷焉，然后能去之。故有血气之属莫知于人，故人之于其亲也，至死无穷。将由夫愚陋淫邪之人与？则彼朝死而夕忘之，然而纵之[135]，则是曾鸟兽之不若也，彼安能相与群居而无乱乎？将由夫修饰之君子与？则三年之丧，二十五月而毕，若驷之过隙，然而遂之[136]，则是无穷也。故先王圣人安为之立中制节，一使足以成文理，则舍之矣[137]。

然则何以分之[138]？曰：至亲以期断[139]。是何也？曰：天地则已易矣，四时则已遍矣，其在宇中者莫不更始矣，故先王案以此象之也[140]。然则三年何也？曰：加隆焉，案使倍之，故再期也[141]。由九月以下何也[142]？曰：案使不及也[143]。故三年以为隆，缌、小功以为杀[144]，期、九月以为间[145]，上取象于天，下取象于地，中取则于人，人所以群居和一之理尽矣。故三年之丧，人道之至文者也，夫是之谓至隆，是百王之所同，古今之所一也。

君之丧所以取三年，何也？曰：君者，治辨之主也，文理之原也，情貌之尽也[146]。相率而致隆之，不亦可乎？《诗》[147]曰："恺悌[148]君子，民之父母。"彼君〔子〕者，固有为民父母之说焉。父能生之，不能〔养〕食之；母能食之，不能教诲之；君者，已能食之矣，又善教诲之者也[149]，三年毕矣哉？乳母，饮食之者也，而三月；慈母[150]，衣被之者也，而九月；君，曲备之[151]者也，三年毕乎哉！得之则治，失之则乱，文[152]之至也；得之则安，失之则危，情[153]之至也。两至者俱积焉，以三年事之犹未足也，直无由进之耳[154]。故社，祭社也；稷，祭稷也；郊者，并百王于上天而祭祀之也[155]。

三月之殡[156]何也？曰：大之也，重之也。所致隆也，所致亲也，将举措之，迁徙之，离宫室而归丘陵也，先王恐其不文也，是以繇其期[157]，足之日也。故天子七月，诸侯五月，大夫三月，皆使其须[158]足以容事，事足以容成，成足以容文，文足以容备，曲容备物之谓道矣[159]。

祭者，志意思慕之情也。愅诡、唈僾而不能无时至焉[160]。故人之欢欣和合之时，则夫忠臣孝子亦愅诡而有所至矣[161]。彼其所至者甚大动也[162]。案屈然已，则其于志意之情者惆然不嗛，其于礼节者阙然不具[163]。故先王案为之立文[164]，尊尊亲亲之义至矣。故曰：祭者，志意思慕之情也，忠信爱敬之至矣，礼节文貌之盛矣，苟非圣人，莫之能知也。圣人明知之，士君子安行之，官人以为守，百姓以成俗。其在君子，以为人道也；其在百姓，以为鬼事也。故钟鼓、管磬、琴瑟、竽笙，《韶》《夏》《護》《武》《汋》《桓》《箾》〔简〕《象》，是君子之所以为愅诡其所喜乐之文也[165]。齐衰、苴杖、居庐、食粥、席薪、枕块，是君子之所以为愅诡其所哀痛之文也[166]。师旅有制，刑法有等，莫不称罪，是君子之所以为愅诡其所敦恶之文也[167]。卜筮视日，斋戒修涂，几筵、馈荐、告祝，如或飨之[168]；物取而皆祭之，如或尝之[169]；毋利举爵，主人有尊，如或觞之[170]；宾出，主人拜送，反易服，即位而哭，如或去之[171]。哀夫！敬夫！事死如事生，事亡如事存，状乎无形影，然而成文[172]。

---

[1]穷：无法收拾。　　[2]礼义：法和伦理道德。

[3]屈：竭。言为之立中道，故欲不尽于物，物不竭于欲，欲与物相扶持，以此长（zhǎng）养。　　[4]盉：后作“和”，调

味。　[5]苾（bì）：馨香。　[6]疏房：通明之房。檖貇：义难详，或言当读为“邃邈”，屋宇深邃绵渺。与并列之“疏房”等比观，殊弗类。越席：蒲席。笫（zǐ）：床席。筵：铺陈之席。合言之，则床笫犹“床榻”，几筵犹“几案”。　[7]称：言各当其宜。　[8]大路：即大辂，天子之车。　[9]侧：旁侧也。载：置也。睪（yì）芷：香草。　[10]错衡：刻画之车前横木。　[11]和、鸾，皆车上铃。　[12]斿（liú）：联缀于旗之条。信：通“神”，言画龙于旗，取其神变。　[13]寝兕：天子乘舆轮左右所画二寝兕。特虎：天子乘舆之前所画独虎。䡈（xiǎn）：马腋之革；蛟䡈：以蛟鱼皮做的䡈。末：即幦（mì），盖于车轼上者。弥龙：车轭末端的龙头装饰。

[14]信至教顺：言调良之极，训练有素。　[15]出死：为国舍身。要节：自要约以节义。言孰知唯能出死要节，则世治而后生可保。　[16]出费用：贡赋问遗之属。言孰知唯能出费用，则国用足，群情怡，而后财可养。　[17]养情：言使情不至流荡。　[18]言苟唯以生为见，只是偷生，不能出死要节，若是者必死。　[19]言苟唯以利为见，不能出费用，若是者必遇害。　[20]说：同“悦”。　[21]一之：凡事皆取准于此。两：礼义、情性。　[22]类：种族。　[23]偏亡：言阙其一二。　[24]言以太祖配天。　[25]言承不迁移始祖入远祖之庙。　[26]常宗：百世不迁之大宗。　[27]郊：祭天。

[28]社：土地之主也。土地阔不可尽敬，故封土为社以报功。言天子以下至诸侯得立社。　[29]道：通。大夫以下，成群立社，曰置社。　[30]古者十里为成，成出革车一乘。有五乘之

地者：言大夫有菜地者。　[31]持手而食者：言食力之人。　[32]积：同“绩”，功业。　[33]大飨：合祭先祖。尚：上。玄尊：水也。太古无酒，以水行礼。后王重古，因尊其名曰玄尊。俎生鱼：以生鱼为俎也。大羹：肉汁无盐梅之味者。　[34]飨：同“享”，四时享庙。用：酌献。言以玄酒为上而献以酒礼，先陈黍稷而后饭以稻粱。　[35]祭：月祭也。齐（jī）：通“跻”，升。饱：言尸（代表死者受祭的活人）食之而致饱。庶羞：众馔。用：言可用食。　[36]文：言修饰。理：言合宜。　[37]文理一耳，贵本则溯追上古，礼至备矣，兼备之谓文；亲用则曲尽人情，礼至察矣，密察之谓理。理统于文，故两者通谓之文。　[38]大：通“太”。太一：言太古时。隆：盛。　[39]言所以像太古时，皆贵本之义。　[40]利爵：言佐食所献之爵。醮：尽，尽爵也。成事：卒哭之祭。始从吉祭，故受爵而不尝俎。臭：通“侑”，劝食。三臭：言尸告饱，祝（主持祭礼者）侑之，如是者三。言是三者皆礼之终。　[41]未发齐：言婚礼先设对席对黍稷对爵合卺，夫妇齐陈之，而尚未迎妇入。言是三者皆礼之初，始质而未备。　[42]末：即幦（mì），盖于车轼上者。散麻：丧礼小敛时主人始把散麻系在腰间而散垂之。言是三者皆从质。　[43]不反：言无曲折。倡：发歌句。一人倡而三人叹，言和之者寡。拊膈：乐器。以革为之，实之以糠。练朱弦：用熟丝制的琴弦。越：瑟底孔，所以发越其声，故谓之越。疏通之，使声迟。言是数者亦皆从质。　[44]脱：疏略。言礼始于疏略，成于文饰，终于大隆。　[45]代胜：不能俱尽，或情胜于文，或文胜于情。　[46]复情：言得其情。 [47]貣：通“忒（tè）”，差错。 [48]言立隆盛之礼以为极则。 [49]顺：通“巡”。 [50]以：犹“而”。 [51]队：同“坠”。 [52]足礼：言重礼。无方：无廉耻而丧其隅。有方：能砥厉而德有隅。 [53]勿易：不变。言能思索，勿易于礼之范围以内，方谓之能虑、能固。 [54]为用：为行礼之用。为文：以车服旗章为区别贵贱的文饰。为异：言多少异制，所以别上下。 [55]隆：丰厚。杀（shā）：降等。要：适当。言礼或厚或薄，唯其所当为贵。 [56]文理：言威仪。情用：言忠诚。言文过于情，是礼之隆盛。 [57]言如尊尚玄酒，本于质素；是情过于文，虽见灭杀，而亦礼。 [58]杂：通“集”，会合。中流：中道。 [59]言君子于大礼则极其隆厚，小礼则尽其降杀，中用则得其中道，皆不失礼。 [60]厉骛：飞跑。 [61]坛宇、宫廷：犹言范围。 [62]方皇：读为“彷徨”，犹徘徊。挟：通“浃”，周，遍。 [63]言圣人所以能厚、大、高、明，皆由于礼。 [64]《诗经·小雅·楚茨》。 [65]卒：尽。度：法度。获：言得其宜。 [66]臧：奴也。古荆、淮、海、岱之间方言，骂奴曰臧。穀：孺子，亦古方言。 [67]忠厚：忠心、笃厚。敬文：恭敬、有文饰。野：野蛮不知礼。瘠：薄，不足于礼。 [68]衣：言衣、衾。食：言遣车所苞遣奠。 [69]蒌翣（lóu shà）：棺之墙饰。 [70]言生死如一则人愿皆足。 [71]属：合聚。 [72]通国：通好之国。 [73]修士：士之进修者，谓上士。 [74]殣（jìn）：掩埋。凡：常。缘：因。言往埋之，其妻子服饰一如往常。 [75]言送死而后，各如其平始。 [76]厌：掩。

言不使相侵掩。[77]纩纩：即属纩，置新绵于病情危急者鼻下，以其动静候息绝。闵：疾甚。言当病情危急之时，忠臣孝子虽知其危殆，而不事殡敛之具。[78]言虽垂涕恐惧，而犹冀其得全。[79]备：具。言物虽具备，而不敢遽。[80]月朝：月初也。日：葬日。月夕：月末。宅：葬所。或言“日宅”二字上下互误，理不当先卜日后卜宅也。[81]须：貌。言其像以生之所设器用饰死者，三月乃能备。[82]凡：大凡，概要。[83]言人死尸体渐变形，每为之加饰。[84]言死者渐移而渐远。如饭于牖下，小敛于户内，大敛于阼，殡于客位，祖于庭，葬于墓就是这样。[85]言久则哀杀如平常。[86]尒：同“迩”，近。玩：戏狎。[87]严亲：尊亲。尊谓君；亲谓父母。[88]嫌：近。[89]优生：言优养生者。[90]言使贤不肖得中。贤者达爱敬之文而止，不至于灭性；不肖者养成行义之美，不至于禽兽。[91]时：适时。御：进用。[92]窕：通“姚”。姚冶：妖美。[93]瘠弃：瘠薄自弃，毁伤身体。[94]隘：穷。慑：犹“戚”。[95]要：同“腰”。[96]有为：别有企图。[97]豫：乐。娩（miǎn）泽：颜色润泽也。萃：同“顇”。萃恶：颜色憔悴。[98]谠：同“傲”，戏谑。谛：同“啼”。[99]刍豢、稻粱、酒醴、鱼肉，吉事之饮食；馆鬻、菽藿、水浆，凶事之饮食。馆：同“饘”（zhān），稠粥。鬻：同“粥”。[100]卑绕：疑当为“弁绕”。弁，即今“弁”字。文织：染丝织为文章。资：同“齐”，即齐衰（zī chī），丧服名。粗：粗布。菲：草衣。缌：细而疏之布。菅：茅。[101]茨：盖屋草。属茨：令茨相连属而已，至疏漏。倚庐：言倚木为庐，至苟简。 [102]两情：谓吉与凶，忧与愉。言此两情固自有端绪，非出于礼。 [103]顺：从。孰：精。修：治。为：作。 [104]材朴：犹言质素。伪：即“为”字，人为之礼节教化皆是。 [105]《诗经·周颂·时迈》。怀柔：安托，指望祭各种神。乔岳：高山，此句言祭及高山大川。取以喻圣人能并治之。 [106]鬠（kuò）：束发。体：言剪指甲等。饭唅：实米于尸之口。生术：生道。 [107]濡：湿也。栉：梳篦之总称。律：理发。式：同“拭”。 [108]瑱（tiàn）：充耳之玉。 [109]槁骨：贝。反生术：反于生之道。 [110]说：通“脱”。亵衣：贴身之衣。缙：同“搢”，插。绅：大带。搢绅：谓插笏于带。带之钩，所用弛张也，今不复解脱，故不设钩。 [111]儇（xuān）：同“还”，绕。笄（jī）：簪。言用练帛绕掩面目，但为束发，男不加冠，妇不加笄。 [112]书其名：言书其名于旌。重（chóng）：以木为之，暂代神主牌，所以附神。言见所书置于重，则名已无，但知其柩。 [113]荐器：言陈鬼器。鍪：冠卷如兜鍪。纵（xǐ）：束发之帛。 [114]瓮、庑：所以盛醯醢、醴酒。 [115]言棺中不施床笫。 [116]不成斲：言不加工。不成物：言略具其形，不可用。薄器：竹苇之器。 [117]均言不协调。 [118]生器：用器，弓、矢、盘、盂之属。象徙道：言象生时迁徙。 [119]趋舆：犹驱舆。藏：藏于墓。金革：辔首铜。靷：所以引轴者。不入：言不与舆并藏。 [120]明器：鬼器。 [121]圹：墓中。垄：冢。 [122]版：通“瓪”（fǎn），车箱两旁反出如耳的部分，所以屏蔽尘泥。靳：通“靳”（hén）。

拂：即“茀”（fú）。车箱前的遮蔽物谓之鞎，后谓之茀。 [123]无：通“幠”（hū），覆于棺上者。帾：同“褚”，饰于棺旁者。丝歶：未详，殆亦棺饰。菲：言编草为蔽。帱（chóu）：帐。尉：通“罻”，网，帷帐如网。 [124]抗：加于圹上，所以御土者。折：所以承抗者。槾（màn）：涂饰，粉刷。茨：盖屋。番：通“藩”，藩篱。阏：谓门户垄阏风尘者。 [125]铭：铭文。诔：悼词。系、世：言帝系、世本之属。 [126]刻：损减。附：增益。墨：苟简无礼。惑：惑乱过礼。 [127]杀生送死：如以人殉葬之类。 [128]情：哀情。文：礼文。 [129]无适不易：言所至皆不可易。 [130]苴杖：苴（jū），枯竹。谓以死竹为之杖。 [131]复生：言除丧以后恢复平常的生活。 [132]则：犹“若”。 [133]铅：同“沿”，循。 [134]爵：同“雀”。 [135]纵之：言不为之制丧礼。 [136]遂之：言不以时除丧。 [137]安：助词。一：皆。舍：除。指除去丧服。 [138]分：半也。半于三年。 [139]期（jī）：周岁。断：决。指终丧。言服之正，虽至亲皆期而除。 [140]在宇中者：言万物。更始：言机运重周。案：助词。 [141]言于父母加厚其恩，故使倍期。 [142]言从大功以下。大功服期九个月。 [143]使不及：言使其恩不若父母。 [144]杀（shā）：减等。 [145]间：在隆、杀之间。 [146]治辨：治理，辨亦治。文理：法度的条理。情：忠诚。貌：恭敬。 [147]《诗经·大雅·泂酌》。 [148]恺悌（kǎi tì）：和易近人。 [149]食（sì）之：言禄廪。教诲之：言制命。 [150]慈母：庶母而抚成其子者。 [151]曲备之：言兼饮食、衣服。　[152]文：言法度。　[153]情：言忠厚。　[154]直：但。言丧宜有节，不能加于三年。[155]社：土神，以句龙配之。稷：百谷之神，以弃配之。但各只祭一神而已。郊：祭天。百王：百世之王，皆前世之君。此句在此殊不类，疑当在下“尊尊亲亲之义至矣”之下。　[156]此“殡”字盖指既殡之后、未葬之前之时期，非直言殡。[157]繇：通“遥”，言远其葬期。　[158]须：迟也。言迟葬之期。　[159]言委曲容物备物乃为道。　[160]愅（gé）诡：变异感动之貌。唈僾（yì ài）：气不舒之貌。不能无时至：言有待而至。　[161]言欢欣、和合之时，忠臣、孝子则感动而思君、亲不得同乐。　[162]言所至之情甚大感动。　[163]屈然：犹空然。惆然：怅然。嗛（qiè）：足。言若无祭祀之礼，惟空然而已，则忠臣、孝子之情怅然不足，礼节又阙然不具。[164]文：言祭祀的礼节。　[165]《武》《汋》《桓》：皆《周颂》篇名。《韶》：舜乐。《夏》：禹乐。《頀》：汤乐，字亦作“濩”。《箾》（shuò）：文王之乐。《象》：武王伐纣之乐。愅诡其所喜乐之文：言于其所喜乐有感动，因为之文饰。[166]言感动其所哀痛，因为之文饰。　[167]古宋鲁方言相恶谓之谆憎。敦：音义与“谆”并同，则亦憎恶。言于其所憎恶有感动，因制师旅刑法为之文饰。　[168]视日：视日之吉凶。涂：系“除”之借字。修涂：言就庙中修饰打扫。馈：献牲体。荐：进黍稷。如或尝之：言或像鬼神真的来享受一样。　[169]言每物皆取而授尸尝一点，如神之亲尝一样。　[170]利：古祭祀时侍奉尸的人。言不使利代举爵；主人亲设尊酌以献尸，尸饮之，如神饮其觞一样。　　[171]此杂说丧祭。易服：换去祭服，换上丧服。言殡出，祭事毕，即位而哭，如神之去一样。　　[172]状：类似，好像。

乐　论

夫乐者，乐也，人情之所必不免也。故人不能无乐。乐则必发于声音，形于动静[1]。〔而〕人之道也，声音、动静，性术之变尽是矣[2]。故人不能不乐。乐则不能无形[3]。形而不为道[4]，则不能无乱。先王恶其乱也，故制《雅》《颂》之声以道之，使其声足以乐而不流；使其文足以辨而不諰[5]；使其曲直、繁省、廉肉[6]、节奏足以感动人之善心；使夫邪污之气无由得接焉。是先王立乐之方也，而墨子非之，奈何！

故乐在宗庙之中，君臣上下同听之，则莫不和敬；闺门之内，父子兄弟同听之，则莫不和亲；乡里族长之中，长少同听之，则莫不和顺。故乐者，审一以定和者也[7]，比物以饰节者也[8]，合奏以成文者也[9]，足以率一道[10]，足以治万变。是先王立乐之术也，而墨子非之，奈何！

故听其《雅》《颂》之声，而志意得广焉；执其干戚[11]，习其俯仰屈伸，而容貌得庄焉；行其缀兆，要其节奏[12]，而行列得正焉，进退得齐焉。故乐者，出所以征诛也，入所以揖让也。征诛揖让，其义一也。出所以征诛，则莫不听从；入所以揖让，则莫不从服。故乐者，天下之大齐也，中和之纪[13]也，人情之所必不免也。是先王立乐之术也，而墨子非之，奈何！

且乐者，先王之所以饰喜也；军旅铁钺者，先王之所以饰怒也。先王喜怒皆得其齐焉[14]。是故喜而天下和之，怒而暴乱畏之。先王之道，礼乐正其盛者也，而墨子非之。故曰：墨子之于道也，犹瞽之于白黑也，犹聋之于清浊[15]也，犹欲之楚而北求之也。

夫声乐之入人也深，其化人也速。故先王谨为之文。乐中平则民和而不流，乐肃庄则民齐而不乱。民和齐则兵劲城固，敌国不敢婴[16]也。如是，则百姓莫不安其处，乐其乡，以至足其上矣。然后名声于是白，光辉于是大，四海之民莫不愿得以为师[17]。是王者之始也。乐姚冶以险[18]，则民流僈[19]鄙贱矣。流僈则乱，鄙贱则争。乱争则兵弱城犯，敌国危之。如是，则百姓不安其处，不乐其乡，不足其上矣。故礼乐废而邪音起者，危削侮辱之本也。故先王贵礼乐而贱邪音。其在序官也，曰：修宪命[20]，审〔诛赏〕诗商[21]，禁淫声，以时顺修[22]，使夷俗邪音不敢乱雅，太师[23]之事也。

墨子曰："乐者，圣王之所非也，而儒者为之，过也。"君子以为不然。乐者，圣人之所乐也，而可以善民心。其感人深，其移风〔易俗〕俗易。故先王导之以礼乐而民和睦。夫民有好恶之情，而无喜怒之应则乱。先王恶其乱也，故修其行，正其乐，而天下顺焉。故齐衰之服，哭泣之声，使人之心悲；带甲婴軸[24]，歌于行伍，使人之心〔伤〕

惕；姚冶之容，郑、卫之音，使人之心淫；绅、端、章甫[25]，舞《韶》歌《武》，使人之心庄。故君子耳不听淫声，目不视女色，口不出恶言。此三者，君子慎之。凡奸声感人而逆气应之，逆气成象[26]而乱生焉，正声感人而顺气应之，顺气成象而治生焉。唱和有应，善恶相象[27]，故君子慎其所去就也。君子以钟鼓道志，以琴瑟乐心，动以干戚，饰以羽旄[28]，从以磬管[29]。故其清明象天，其广大象地，其俯仰周旋有似于四时[30]。故乐行而志清，礼修而行成，耳目聪明，血气和平，移风易俗，天下皆宁，美善相乐。故曰：乐者，乐也。君子乐得其道，小人乐得其欲。以道制欲，则乐而不乱；以欲忘道，则惑而不乐。故乐者，所以道乐也。金石丝竹，所以道德也。乐行而民乡方矣。故乐者，治人之盛者也，而墨子非之。且乐也者，和之不可变者也；礼也者，理之不可易者也。乐合同，礼别异。礼乐之统，管乎人心矣。穷本极变，乐之情也；著诚去伪，礼之经也。墨子非之，几遇刑也[31]。明王已没，莫之正也。愚者学之，危其身也。君子明乐，乃〔其德〕斯听也[32]。乱世恶善，不此听也。於乎哀哉！不得成也。弟子勉学，无所营也[33]。

声乐之象[34]：鼓大丽[35]，钟统实[36]，磬廉制[37]，竽笙〔箫〕肃和，筦籥发猛[38]，埙篪翁博[39]，瑟易良[40]，琴妇好[41]，歌清尽[42]，舞意天道兼[43]。鼓，其乐之君邪！故鼓似天，钟似地，磬似水，竽笙、〔箫和〕筦籥似星辰日月，鞉、柷、拊鞷、椌楬[44]似万物。

曷以知舞之意？曰：目不自见，耳不自闻也[45]，然而治俯仰、诎信、进退、迟速，莫不廉制[46]，尽筋骨之力以要钟鼓俯会之节[47]，而靡有悖逆者，众积意谔谔乎[48]。

吾观于乡[49]，而知王道之易易也。主人亲速宾及介，而众宾皆从之[50]。至于门外，主人拜宾及介而众宾皆入，贵贱之义别矣。三揖至于阶，三让以宾升，拜至，献酬，辞让之节繁[51]。及介省矣[52]。至于众宾，升受，坐祭，立饮，不酢而降[53]。隆杀之义辨矣[54]。工入，升歌三终[55]，主人献之；笙入三终[56]，主人献之[57]；间歌三终[58]，合乐三终[59]，工告乐备，遂出[60]。二人扬觯[61]，乃立司正焉[62]。知其能和乐而不流也。宾酬主人，主人酬介，介酬众宾，少长以齿，终于沃洗者焉[63]。知其能弟长而无遗也[64]。降，说屦，升坐，修爵无数[65]。饮酒之节，朝不废朝，莫不废夕[66]。宾出，主人拜送[67]，节文终遂焉[68]。知其能安燕而不乱也[69]。贵贱明，隆杀辨，和乐而不流，弟长而无遗，安燕而不乱。此五行者，是足以正身安国矣。彼国安而天下安。故曰：吾观于乡，而知王道之易易也。

乱世之征：其服组[70]，其容妇[71]，其俗淫，其志利[72]，其行杂[73]，其声乐险[74]，其文章匿而采[75]，其养生无度，其送死瘠墨[76]，贱礼义而贵勇力，贫则为盗，富则为贼。治世反是也。

[1]形：见。言心有所乐，则必发于咏歌嗟叹，表见于外貌，手之舞之，足之蹈之，此人道之自然。 [2]言性情心术之变化虽多，而声音、动静足以尽之。 [3]言乐则不以声音、动静见于外。 [4]不为道：言不导之。 [5]流：淫放。文：乐之篇章。辨：变。諰（xǐ）：通“息”，犹“销”。言使乐章完尽其变化而不销尽。 [6]廉：清。肉：肥满，犹言重浊。廉肉：言音之清浊。 [7]一：言律。言审律以定调和之音。 [8]物：金、石、丝、竹之属。言比附诸物以饰音曲之节。 [9]言联合节奏以成声音之文，和谐。 [10]一道：大道。言乐足以统率大道。 [11]干：盾也。戚：斧也。二者武舞所执。 [12]缀：表，所以表行列。兆：域，舞者进退所至。要（yāo）：应合，符合。 [13]纪：纲纪。 [14]言喜怒皆中节。 [15]清浊：言音之清浊。 [16]婴：同“撄”，触：侵犯。 [17]师：长。 [18]姚冶：浮薄，轻佻。险：邪。 [19]流僈：散漫放纵。 [20]言修宪法之，所以表示人。 [21]商：读为“章”，古通。 [22]言不失其时而顺之修之。 [23]太师：乐官之长。 [24]婴：系于颈也。鞈：同“胄”。 [25]绅：大带。端：玄端服。章甫：殷冠。 [26]成象：言形之于歌舞。 [27]善恶相象：言善恶象其所表现。 [28]羽：翟羽。旄：旄牛尾。二者舞者之所执。 [29]磬管：乐器。 [30]清明：言人声。广大：言钟鼓。周旋：言舞者。 [31]言其说惑世，宜获罪。 [32]听：从。言君子明乐，盖知穷本极变乐之情，故从此。 [33]营：通“荧”，惑。言毋为墨子所惑。

[34]言声乐诸器，皆有象征之意。　[35]丽：偶。言鼓之为物大，音亦大；又用鼓自八至二，皆无奇数。　[36]统：言钟统众乐，为之君。实：成实。钟为秋分之音，万物至秋而成。[37]廉：棱。言磬有隅棱。制：裁断。磬以明贵贱亲疏长幼之节，是有制。　[38]筦：同“管”。发：发扬。猛：猛起。[39]埙（xūn）：土制吹器，有六孔。篪（chí）：单管横吹乐器。翁博：犹滃渤。言其沉闷而不扬。　[40]易良：言其中和平易。　[41]妇好：柔婉。　[42]尽：反复以尽之。[43]《左传》有云：“夫舞所以节八音而行八风。”然则以八音之器，播八方之风，手之舞之，足之蹈之，故曰天道兼。[44]鞉（táo）：小鼓也。持其柄摇之，旁耳还自击。柷（zhù）：方木器。形似酒斗，所以止音为节。拊鞷（fǔ gé）：即“拊膈”，乐器，以革为之，实之以糠。控楬：长柄木椎，所以击柷而止乐。　[45]言舞非自为观、自为听。　[46]数者皆舞之容节，言莫不廉棱而有裁断。　[47]要（yāo）：犹会，合。俯会：言俯仰会合。　[48]谆（chí）：语谆谆。言舞意与众音繁会而应节，如人告语之谆谆然。　[49]乡：乡中饮酒之礼。其礼今存于《仪礼》。　[50]速：在家迎请。饮酒之礼，贤者为宾，其次为介，余为众宾。　[51]拜至：拜其来至。献酬：言酌酒献宾，宾用酒回敬主人，主人又酌而自饮以酬宾。辞让之节繁：言礼节之数繁多。　[52]言介酢主人而止，主人不酢介，礼节视宾为省。　[53]言主人献众宾于西阶上，受爵，坐祭，立饮，不酢主人而降。　[54]言于宾于介于众宾，其礼之繁省不同，则隆杀之义别。　[55]工：乐工。三

终：歌《诗经》三篇，每一篇而一终。言升堂歌《鹿鸣》《四牡》《皇皇者华》三篇。 [56]言吹笙之人入于堂下，奏《南陔》《白华》《华黍》三篇。 [57]言献笙入。
[58]间：代也。言笙歌既竟，堂上与堂下更代而作，堂上人先歌《鱼丽》，则堂下笙《由庚》，为一终；堂上歌《南有嘉鱼》，堂下笙《崇丘》，为二终；堂上歌《南山有台》，堂下笙《由仪》，为三终。 [59]合乐：堂上歌瑟及笙并作。言堂上人歌《关雎》，则笙吹《鹊巢》合之，为一终；堂上歌《葛覃》，笙吹《采蘩》合之，为二终；堂上歌《卷耳》，笙吹《采蘋》合之，为三终。 [60]言乐工告乐正以“正歌备”，乐正以告宾，乃降。 [61]觯（zhì）：饮酒爵。言使二人举觯于宾、介。 [62]言至此礼乐之正既成，将留宾，为有懈惰，立司正以监之。司正：监礼之人。 [63]沃洗者：言以水沃盥洗爵者。言旅酬之时，宾、主人之党各以少长为齿，以次相旅，至于沃洗者。 [64]弟：少。言少长皆与而无遗弃。 [65]说：通“脱”。修爵无数：言饮无算爵。 [66]不废朝：言饮酒之礼，朝后乃行之。不废夕：言礼毕而治私家之事。莫：同“暮”。 [67]言主人送于门外，再拜。 [68]终遂：礼毕。 [69]言安于燕乐而不至乱。 [70]组：文。服组：言奢华。 [71]言血气态度拟于女子。 [72]言汲汲于货财。
[73]杂：杂污。 [74]险：淫邪而不和平。 [75]慝：通“慝”，邪。采：文采。言其文章质邪谬而貌文采。
[76]瘠：不忠厚，不敬文。墨：苟简无礼。

解　蔽

凡人之患，蔽于一曲而暗于大理[1]。治则复经[2]，两疑则惑矣[3]。天下无二道，圣人无两心。今诸侯异政，百家异说，则必或是或非，或治或乱。乱国之君，乱家之人，此其诚心，莫不求正而以自为也[4]，妒缪于道而人诱其所迨也[5]。私其所积[6]唯恐闻其恶也；倚其所私，以观异术[7]，唯恐闻其美也。是以与治〔虽〕离走而是己不辍也[8]。岂不蔽于一曲而失正求也哉？心不使[9]焉，则白黑在前而目不见，雷鼓在侧而耳不闻，况于〔使〕蔽者乎？德[10]道之人，乱国之君非之上[11]，乱家之人非之下，岂不哀哉！

故为蔽[12]：欲为蔽，恶为蔽；始为蔽，终为蔽；远为蔽，近为蔽；博为蔽，浅为蔽；古为蔽，今为蔽[13]。凡万物异则莫不相为蔽[14]，此心术之公患也。

昔人君之蔽者，夏桀、殷纣是也。桀蔽于末喜、斯观，而不知关龙逢[15]，以惑其心而乱其行；纣蔽于妲己、飞廉，而不知微子启[16]，以惑其心而乱其行。故群臣去忠而事私，百姓怨非而不用[17]，贤良退处而隐逃，此其所以丧九牧之地而虚宗庙之国也[18]。桀死于〔亭〕鬲山[19]，纣县于赤旆[20]。身不先知，人又莫之谏，此蔽塞之祸也。成汤监于夏桀，故主其心而慎治之[21]，是以能长用伊尹而身不失道，此其所以代夏王而受九有[22]也。文王监于殷纣，故主其心而慎治之，是以能长用吕望而身不失道，此其所以代殷王而受九牧[23]也。远方莫不致其珍，故目视备色，耳听备声，口食备味，形居备宫，名受备号，生则天下歌，死则四海哭，夫是之谓至盛。《诗》[24]曰："凤凰秋秋，其翼若干，其声若箫。有〔凤〕凰有〔凰〕凤，乐帝之心。"[25]此不蔽之福也。

昔人臣之蔽者，唐鞅、奚齐是也[26]。唐鞅蔽于欲权而逐载子[27]，奚齐蔽于欲国而罪申生[28]，唐鞅戮于宋，奚齐戮于晋。逐贤相而罪孝兄，身为刑戮，然而不知，此蔽塞之祸也。故以贪鄙、背叛、争权而不危辱灭亡者，自古及今，未尝有之也。鲍叔、宁戚、隰朋[29]仁知且不蔽，故能持[30]管仲而名利福禄与管仲齐。召公、吕望仁知且不蔽，故能持周公而名利福禄与周公齐。传曰："知贤之谓明，辅贤之谓能。勉之强之，其福必长。"[31]此之谓也。此不蔽之福也。

昔宾孟之蔽者，乱家是也[32]。墨子蔽于用而不知文[33]，宋子蔽于欲而不知得[34]，慎子蔽于法而不知贤[35]，申子蔽于势而不知知[36]，惠子蔽于辞而不知实[37]，庄子蔽于天而不知人[38]。故由用谓之道，尽利矣[39]；由〔俗〕欲谓之道，尽嗛矣[40]；由法谓之道，尽数矣[41]；由势谓之道，尽便矣[42]；由辞谓之道，尽论矣[43]；由天谓之道，尽因矣[44]。此数具者，皆道之一隅也。夫道者，体常而尽变[45]，一隅不足以举[46]之。曲知[47]之人，观于道之一隅而未之能识也，故以为足而饰之，内以自乱，外以惑人，上以蔽下，下以蔽上。此蔽塞之祸也。孔子仁知且不蔽，故学乱术，足以为先王者也[48]。一家得周道，举而用之，不蔽于成积也[49]。故德与周公齐，名与三王并，此不蔽之福也。

圣人知心术之患，见蔽塞之祸，故无欲无恶，无始无终，无近无远，无博无浅，无古无今，兼陈万物而中县衡焉[50]。是故众异不得相蔽以乱其伦也。何谓衡？曰：道。故心不可以不知道。心不知道，则不可道而可非道[51]。人孰欲得恣而守其所不可，以禁其所可[52]？以其不可道之心取人，则必合于不道人，而不〔知〕合于道人[53]。以其不可道之心，与不道人论道人[54]，乱之本也。夫何以知[55]？〔曰〕心知道，然后可道；可道，然后能守道以禁非道。以其可道之心取人，则合于道人，而不合于不道之人矣。以其可道之心，与道人论非道，治之要也[56]。何患不知[57]？故治之要在于知道。

人何以知道[58]？曰：心。心何以知？曰：虚壹而静[59]。心未尝不臧也，然而有所谓虚[60]；心未尝不〔满〕两也，然而有所谓一[61]；心未尝不动也，然而有所谓静[62]。人生而有知，知而有志[63]。志也者，臧也。然而有所谓虚，不以所已臧害所将受谓之虚[64]。心生而有知，知而有异[65]，异也者，同时兼知之。同时兼知之，两也，然而有所谓一，不以夫一害此一谓之壹[66]。心，卧则梦，偷则自行，使之则谋[67]。故心未尝不动也，然而有所谓静，不以梦剧乱知谓之静[68]。未得道而求道者，谓之虚壹而静。作之，则[69]将须道者，虚之。虚则〔人〕入[70]。将事道者，壹之。壹则尽[71]。〔尽〕将思道者，静之。静则察[72]。知道察，知道行，体道者也[73]。虚壹而静，谓之大清明。万物莫形而不见，莫见而不论，莫论而失位[74]。坐于室而见四海，处于今而论久远，疏观万物而知其情，参稽治乱而通其度[75]，经纬天地而材官[76]万物，制割大理而宇宙〔里〕理矣。恢恢广广，孰知其极！睪睪广广[77]，孰知其德！涫涫纷纷，孰知其形[78]！明参日月，大满八极。夫是之谓大人。夫恶[79]有蔽矣哉？

心者，形之君也，而神明之主也，出令而无所受令[80]。自禁也，自使也，自夺也，自取也，自行也，自止也[81]。故口可劫而使墨云，形可劫而使诎申[82]，心不可劫而使易意，是之则受，非之则辞。故曰：心容其择也[83]，无禁必自见[84]，其物也杂博，其情之至也不贰[85]。《诗》[86]云："采采卷耳，不盈顷筐。嗟我怀人，寘彼周行。"[87]顷筐易满也，卷耳易得也，然而不可以贰周行[88]。故曰：心枝[89]则无知，倾[90]则不精，贰则疑惑。以赞稽之，万物可兼知也[91]。身尽其故则美[92]。类不可两也[93]，故知者择一而壹焉。农精于田而不可以为田师，贾精于市而不可以为〔贾〕市师，工精于器而不可以为器师。有人也，不能此三技而可使治三官。曰：精于道者也，非精于物者也。精于物者以物物[94]，精于道者兼物物[95]。故君子壹于道而以赞稽物。壹于道则正，以赞稽物则察。以正志行察论，则万物官矣[96]。昔者舜之治天下也，不以事诏[97]而万物成。处一危之，其荣满侧[98]；养一之微，荣矣而未知[99]。故《道经》曰：“人心之危，道心之微。”[100]危微之几[101]，惟明君子而后能知之。

故人心譬如槃水，正错而勿动，则湛浊在下而清明在上[102]，则足以见须眉而察肤理矣。微风过之，湛[103]浊动乎下，清明乱于上，则不可以得〔大〕本形之正也。心亦如是矣。故导之以理，养之以清，物莫之倾，则足以定是非、决嫌疑矣。小物引[104]之则其正外易，其心内倾，则不足以决庶理矣。故好书者众矣，而仓颉独传者，壹也；好稼者众矣，而后稷独传者，壹也；好乐者众矣，而夔独传者，壹也；好义者众矣，而舜独传者，壹也。倕作弓，浮游作矢，而羿精于射[105]；奚仲作车，〔乘〕桑杜作乘马，而造父精于御[106]。自古及今，未尝有两而能精者也。

曾子曰：〔是〕“视其庭，可以搏鼠，恶能与我歌矣！”[107]空石[108]之中有人焉，其名曰觙，其为人也，善射以好思[109]。耳目之欲接则败其思，蚊虻之声闻则挫其精[110]。是以辟耳目之欲，而远蚊虻之声，闲居静思则通[111]。思仁若是，可谓微乎[112]？孟子恶败而出妻，可谓能自强矣，未及思也[113]。有子恶卧而焠掌，可谓能自忍矣，未及好也[114]。辟耳目之欲，〔可谓能自强矣，未及思也。〕蚊虻之声闻则挫其精，可谓危矣，未可谓微也[115]。夫微者，至人也。至人也，何强，何忍，何危？故浊明外景，清明内景[116]。圣人〔纵〕从其欲，兼其情，而制焉者理矣[117]。夫何强，何忍，何危？故仁者之行道也，无为也；圣人之行道也，无强也。仁者之思也恭，圣人之思也乐[118]。此治心之道也。

凡观物有疑[119]。中心不定，则外物不清。吾虑不清，则未可定然否也。冥冥[120]而行者，见寝石以为伏虎也，见植林[121]以为〔后〕立人也，冥冥蔽其明也。醉者越百步之沟，以为跬步之浍也[122]；俯而出城门，以为小之闺[123]也，酒乱其神也。厌[124]目而视者，视一以为两；掩耳而听者，听漠漠而以为哅哅[125]，势乱其官也[126]。故从山上望牛者若羊，而求羊者不下牵也，远蔽其大也；从山下望木者，十仞之木若箸，而求箸者不上折也，高蔽其长也。水动而景摇，人不以定美恶，水势玄[127]也。瞽者仰视而不见星，人不以定有无，用精[128]惑也。有人焉，以此时定物，则世之愚者也。彼愚者之定物，以疑决疑，决必不当。夫苟不当，安能无过乎？

夏首[129]之南有人焉，曰涓蜀梁。其为人也，愚而善畏。明月而宵行，俯见其影，以为伏鬼也；卬[130]视其发，以为立魅也。背[131]而走，比至其家，失气而死。岂不哀哉！凡人之有鬼也，必以其感忽之间、疑玄之时〔正〕定之[132]。此人之所以无有而有无[133]之时也。而己以〔正〕定事。故伤于湿痹，痹而击鼓〔鼓痹〕烹豚，则必有敝鼓丧豚之费矣，而未有俞疾之福也[134]。故虽不在夏首之南，则无以异矣[135]。

凡可以知，人之性也[136]；可〔以〕知，物之理也[137]。以可以知〔人〕之性，求可以知〔物〕之理，而无所疑止之，则没世穷年不能遍也[138]。其所以贯理焉，虽亿万已，不足以浃万物之变，与愚者若一[139]。学老身长子而与愚者若一，犹不知错，夫是之谓妄人[140]。故学也者，固学止之也[141]。

恶乎止之？曰：止诸至足[142]。曷谓至足？曰：圣王也[143]。圣也者，尽伦[144]者也。王也者，尽制[145]者也。两尽者，足以为天下极矣。故学者以圣王为师，案以圣王之制为法，法其法，以求其统类，以务象效其人[146]。向是而务[147]，士也；类是而几[148]，君子也；知之，圣人也。故有知非以虑是，则谓之〔惧〕攫[149]；有勇非以持是，则谓之贼[150]；察孰非以分是，则谓之篡[151]；多能非以脩荡是，则谓之知[152]。辩利非以言是，则谓之詍[153]。传曰："天下有二：非察是，是察非[154]。"谓合王制与不合王制也。天下有不以是为隆正也，然而犹有能分是非、治曲直者邪？

若夫非分是非，非治曲直，非辨治乱，非治人道，虽能之无益于人，不能无损于人。案直将治怪说，玩奇辞，以相挠滑也；案强钳而利口，厚颜而忍诟，无正而恣睢，妄辨而几利[155]；不好辞让，不敬礼节，而好相推挤，此乱世奸人之说也。则天下之治说者方多然矣！

传曰："析辞而为察，言物而为辨，君子贱之；博闻强志，不合王制，君子贱之。"此之谓也。为之无益于成也，求之无益于得也，忧戚之无益于几[156]也，则广焉能弃之矣，不以自妨也，不少顷干之胸中[157]。不慕往，不闵来，无邑怜之心[158]，当时则动，物至而应，事起而辨，治乱可否，昭然明矣。

周而成，泄而败，明君无之有也[159]；宣而成，隐而败，暗君无之有也[160]。故君人者周则谗言至矣，直言反矣，小人迩而君子远矣。《诗》[161]云："墨以为明，狐狸而苍。"[162]此言上幽而下险也[163]。君人者宣则直言至矣，〔而〕谗言反矣，君子迩而小人远矣。《诗》[164]曰："明明在下，赫赫在上。"[165]此言上明而下化也。

---

[1]一曲：一端之曲说。暗：不明白。大理：大通之至理。言蔽于曲说，斯昧于至理，盖人之患。 [2]言治世用礼义，则自复经常之正道。 [3]两：匹敌。疑：通"拟"，有混乱之意。言天下之道一而已；如有与之相敌、与之相混者，惑即从此起。 [4]求正：求正人。自为：自助。 [5]缪：通"谬"，荒谬。迨：及。言乱君乱人嫉妒迷缪于道，故人因其所及而诱之。 [6]积：习。 [7]倚：偏倚。异术：道不同者。言偏于其所私以观道不同者。 [8]离走：犹言背驰。是已不辍：自是不止。 [9]使：用。心不使：言不用心于所见闻。 [10]德：通"得"。 [11]非之上：在上面反对他。 [12]故：犹胡，何。设问何者为

蔽，下乃历数以应之。 [13]言是十端皆滞于一隅，故皆为蔽。 [14]言所好异则相为蔽。 [15]末喜：夏桀伐有施，有施所奉女。斯观：或当为斟观。斟观，夏同姓国。盖其国君当时为桀佞臣。关龙逄：桀之忠臣，以直谏见杀。 [16]妲己：有苏之女，为纣之妃。飞廉：纣之佞臣。微子启：纣之庶兄，微其国，子其爵，启其名。 [17]非：同“诽”。不用：不为上用。[18]九牧之地：九州牧伯之地。虚：通“墟”，化为丘墟。[19]鬲山：亦作历山。鬲、历二字古相通。 [20]旆（pèi）：旗帜。《史记》：武王斩纣头，悬于太白旗。此云赤旆，所传闻异。[21]主其心：言不为邪佞所惑。慎治之：言不乱其行。 [22]九有：犹言九州，抚有其地，故谓之有。 [23]九牧：亦言九州，畜养其民，故谓之牧。 [24]逸诗。 [25]秋秋：犹跄跄，形容舞态。干：盾牌。帝：言尧。言尧能用贤不蔽，天下和平，故有凤凰来仪之福。 [26]唐鞅：宋康王臣。奚齐：晋献公骊姬子。 [27]载：通“戴”。戴不胜，使薛居州傅王者，见《孟子》。 [28]申生：晋献公之太子，奚齐之兄，为骊姬所谮，献公杀之。 [29]三人皆齐大夫。 [30]持：扶翼。[31]言必勉强于知贤、辅贤，然后其福长。 [32]孟：通“萌”。宾：客。萌：民。战国时游士往来诸侯之国，谓之宾萌，盖当时有此称。乱家：包下文都了而言；人多不可悉举，故曰乱家，意谓持乱说之家。 [33]用：实用。言墨子崇俭，欲使上下勤力，而不知贵贱等级之文饰。 [34]得：古通“德”。言宋子以人之情欲寡而不欲多，但任其所欲则自治，而不知导欲持中之德。 [35]言慎子本黄、老，归名、法，而不知尚贤。 [36]后知字即今“智”字。言申子之说，得权势则以刑法驭下，而不知权势待才智然后治。 [37]言惠子蔽于虚辞巧辩，而不知实理。 [38]言庄子主任自然，而不知人之作用。 [39]言由用而谓之道，则人尽于求利。盖谓此及以下数者只道之一隅，而墨、宋诸人自以为道，所以为蔽。 [40]嗛：同“慊”（qiè），快意。言从人所欲而谓之道，则人尽于快意。 [41]尽数：言尽于术数。 [42]便：便宜。言从权势而去智，则人尽于逐便宜，无复修立。 [43]论：巧言辩说。 [44]尽因：言纯任自然，无复治化。 [45]体常：于其常而深体之。尽变：当其变而曲尽之。 [46]举：总括。 [47]曲知：言不通于大道。 [48]乱：治。言孔子学治天下之术，足以及先王。 [49]周道：全面的道理。成积：积习。 [50]言是十端者，圣人皆不溺焉，故能兼陈万物，当其中而悬衡，揣其轻重。 [51]可：许可。言心不知道，则不以道为可，而转以非道为可。 [52]恣：放纵，放任。言人心谁欲得纵恣，而肯守其所不可之事，以自禁其所可者。 [53]不道人：无道之人。道人：得道之人。 [54]与不道人论道人：言与小人论君子。 [55]知：通“智”。此承上言，与不道人论道人，必至妒贤害善，夫何能智？ [56]与道人论非道：言与君子论小人。 [57]此承上言，与道人论非道，必能惩奸去恶，何患不智？ [58]知道人在于知道，故进问知道之术。 [59]虚心专一而镇静不乱，言能如是则知道。 [60]心未尝不臧：言心能收纳凡诸感觉。 [61]心未尝不两：言心能同时兼知。 [62]心未尝不动：言心能有种种活动，如梦与思虑之类。 [63]志：

记忆。　[64]言心既有所收纳，无害更收纳其后至者，此之谓“虚”。　[65]异：识别差异之形相。　[66]夫：犹“彼”。言感觉虽纷杂，而心能缘耳知声，缘目知形，比类区别，不以彼一害此一，此之谓“壹”。　[67]自行：放纵也。使：役也。谋：虑之。言人心寝则有梦，懈怠则放纵，役用则谋虑。[68]剧：嚣烦。言心虽扰于梦想嚣烦，而专心接物，仍能有知，此之谓“静”。　[69]言于求道者，告之以虚壹而静，使为之法式准则。　[70]须：求。入：纳。言将求道者，宜致其虚。虚而后有所受纳。　[71]言将有事于道者，宜致其壹。壹而后道无不尽。　[72]言将思道者，宜致其静。静而后理无不察。　[73]言知道而察之，知道而行之，即躬行正道。[74]见：通“现”。论：通“伦”。言有形莫不显现，所显莫不有伦理，伦理莫有失其分位者。　[75]疏：参稽，考察验证。度：制。　[76]材：通“裁”，裁制。官：统理。　[77]睪：通“皞”。睪睪：广大貌。广广：与上文“恢恢广广”重出，疑当读为“旷旷”。　[78]涫涫：沸貌。形字不入韵，疑当作“则”。　[79]恶（wū）：何。　[80]出令而无所受令：言心出令以使形，而不为形所使。　[81]此六者皆由心使之然，所以为形之君。　[82]劫：迫。墨：同“默”。云：言。诎：通“屈”。　[83]言心能自禁，自使，自夺，自取，自行，自止，是容其自择。　[84]无禁：言无所受令。必自见：言神明之主出令。　[85]情：通“精”。言物虽杂博，精至则不贰。[86]《诗经·周南·卷耳》。　[87]采采：方事采之。卷耳：草名。顷筐：畚之属。寘：置。周行：大道。　[88]不可以贰周行：言不可以怀人寘周行之心贰之。[89]枝：通“岐”。[90]倾：偏侧。[91]赞稽：参考。言心能不贰，参考而类推之，可以知万物。[92]故：事。言能尽不贰之事则身美。[93]言事类皆不可两。[94]物物：前物字作动词用，治理、管理。言能各治其一物。[95]言能兼治各治其一物者。[96]志：存于心者。论：发于言者。官：言各当其任，无差谬。[97]诏：告。[98]危之：时加戒惧之心。荣：安荣。言舜于事处以专一，且时加戒惧之心，故满侧皆获安荣。[99]言舜心见道，而养以专一，在于几微，其心安荣，则他人未之能知。[100]道经：言古言道之书。今《尚书·大禹·谟》有此语，“之”均作“惟”。言凡人治心，出以戒惧；道人养心，则在微眇。[101]几：萌兆。[102]槃：同“盘”。错：置也。湛：通“沈”，泥滓。[103]湛：沉。[104]引：牵动。[105]倕：舜臣。浮游：未详。古称黄帝臣夷牟作矢，或浮游为夷牟别名，或声近而误。言二人者虽作弓矢，未必能射，而羿一于射，故能精之。[106]奚仲：夏禹时车正。作乘马：创四马驾车之制。言二人者虽作车创四马驾车，未必能御，而造父一于御，故能精之。[107]可以搏鼠：言庭虚无人，至静寂。而此静境中恐有潜修深思者，故言“恶能与我歌矣”，盖以为我何可以歌咏乱之。[108]空石：石穴。[109]射：猜度（谜语）。其人善射，自好思。[110]蚊：似蝇。挫：损也。精：精诚。言其人恐偶接外物，则思索精诚且败损。[111]辟：屏除。通：射而果中。[112]言思仁亦若空石之人，则可谓微乎否。[113]恶（wù）：厌恶。出妻：把妻子赶走。言孟子恶其败德而出其妻，可谓能自强于修身；然求诸身外，盖未及思。 [114]焠（cuì）：灼。言有若恶其寝卧而灼其掌，可谓能自忍其身；然出于强制，盖未及好。 [115]言若空石之人所为，可谓能戒惧，然犹未可谓微。 [116]景（yǐng）：古传火曰外景，水曰内景。此处言明之浊者其景照外，明之清者其景含内。盖以外景喻危，内景喻微。 [117]言圣人从心所欲，兼尽其情，而主宰自当理。 [118]言仁者能虚一而静，故其思也恭；圣人何强何忍何危，故其思也乐。 [119]疑：定。言观物，心须先有所疑定。 [120]冥冥：昏暗不明貌，指暮夜。 [121]植林：直立的树。 [122]跬：半步。浍：小沟。 [123]闺：特立之户，上圆下方，形似圭。 [124]厌：指按。 [125]漠漠：无声。啕啕：喧声。 [126]官：感官。言势乱耳目之所主守。 [127]景：影。玄：通“眩”。 [128]精：视觉。 [129]夏首：夏水口。涓蜀梁：事迹不详。 [130]卬：同“仰”。 [131]背：转身。 [132]感：通“撼”。玄：通“眩”。撼忽，疑眩：皆精神摇乱迷蒙之谓。言当此之时，而后定其有鬼。 [133]无有而有无：言以有为无，以无为有。 [134]俞：通“愈”。此言愚惑之蔽。 [135]言类此者皆无以异于涓蜀梁。 [136]言人性能知万物。 [137]言物理可为人所知。 [138]疑：定，与“止”字合为一词，意为止境。言人求知物理，而物理殊无涯，苟不定之准则，则终身不能遍知。 [139]言所知纵多，苟不足以周知万物之变，则犹未免为愚者。 [140]错：置，言废舍。言为无益之学，身已老矣，子已长矣，犹不知废舍，是之谓妄人（无知的人）。 [141]学本来要有个止境。[142]至足：言至高足善之道。[143]言以圣王之道定为准则。[144]伦：伦类。即万物之理。[145]制：法度。[146]统类：纲要。象效：效法。象亦效。[147]言向着这个方向努力。[148]几：近。[149]是：指圣王之制。下并同。攫：攫取之。言有智而非虑及圣王之制，则谓之“攫”。[150]言有勇而非以持制圣王之制，则谓之“贼”。[151]言熟于察而不以分圣王之制，则谓之“篡”。孰：同“熟”。[152]脩：通“涤”。知：智巧。言多能而不以涤荡圣王之制，使之纯洁，则谓之“知”。[153]辩利：犹言能辩也。詍（yì）：多言。言能辩而不言圣王之制，则谓之“詍”。[154]言天下事理总有是与非两个方面，要从非中辨出是，要从是中辨出非。[155]挠滑：扰乱人心。挠：扰。滑：乱。钳：古方言，恶。强钳：既强且恶。诟：耻。恣睢：放肆，暴戾。几：近。[156几：吉凶祸福之几。[157]广：通“旷”，空。能：通“而”。言此无益之事，则旷焉而弃之，不让其片刻干扰自己的心胸。[158]邑：同“悒”，快。怜：通“吝”，惜。言不慕往古，不闵将来，弃无益之事，绝无悒快吝惜之心，惟求其合于道。[159]周：隐密也。言以隐密而成，以宣露而败，明君无此事。[160]言以宣露而成，以隐密而败，暗君无此事。[161]逸诗。[162]墨：幽暗。狐狸：本黄色。言以暗为明，以黄为苍。[163]幽：暗。险：倾侧。[164]《诗经·大雅·大明》。[165]言文王之德明明在下，故赫赫然著见于天。

正　名

后王之成名[1]：刑名从商，爵名从周，文名从《礼》[2]。散名[3]之加于万物者，则从诸夏之成俗曲期，远方异俗之乡则因之而为通[4]。散名之在人者：生之所以然者谓之性[5]。〔性〕生之和所生，精合感应，不事而自然谓之性[6]。性之好、恶、喜、怒、哀、乐，谓之情[7]。情然而心为之择谓之虑[8]。心虑而能为之动谓之伪[9]。虑积焉，能习焉，而后成谓之伪。正利而为谓之事[10]。正义而为谓之行[11]。所以知之在人者谓之知，知有所合谓之知[12]。〔智〕所以能之在人者谓之能。能有所合谓之能[13]。性伤谓之病[14]。节遇谓之命[15]。是散名之在人者也，是后王之成名也。

故王者之制名，名定而实辨，道行而志通，则慎率民而一焉。故析辞[16]擅作，〔名〕以乱正名，使民疑惑，人多辨讼，则谓之大奸，其罪犹为符节、度量之罪也[17]。故其名莫敢托为奇辞以乱正名，故其民悫[18]，悫则易使，易使则〔公〕功[19]。其民莫敢托为奇辞以乱正名，故壹于道法而谨于循令矣。如是，则其迹[20]长矣。迹长功成，治之极也。是谨于守名约之功也。今圣王没，名守慢[21]，奇辞起，名实乱，是非之形不明，则虽守法之吏、诵数之儒，亦皆乱也。

若有王者起，必将有循于旧名，有作于新名[22]。

然则所为有名，与所缘以同异，与制名之枢要，不可不察也[23]。异形离心交喻，异物名实〔玄〕互纽[24]。贵贱不明，同异不别，如是则志必有不喻之患，而事必有困废之祸[25]。故知者为之分别，制名以指实，上以明贵贱，下以辨同异。贵贱明，同异别，如是则志无不喻之患，事无困废之祸，此所为有名也。

然则何缘而以同异？曰：缘天官[26]。凡同类、同情者，其天官之意物也同[27]。故比方之疑似而通，是所以共其约名以相期也[28]。形体、色理以目异[29]；声音清浊、调〔竽〕节、奇声以耳异[30]；甘、苦、咸、淡、辛、酸、奇味以口异；香、臭、芬、郁、腥、臊、〔洒酸〕漏、庮、奇臭以鼻异[31]；疾、养、沧、热、滑、〔铍〕钑、轻、重以形体异[32]；说、故、喜、怒、哀、乐、爱、恶、欲以心异[33]。心有征知[34]。征知则缘耳而知声可也，缘目而知形可也[35]。然而征知必将待天官之当簿其类然后可也[36]。五官簿之而不知，心征之而无说，则人莫不然谓之不知[37]。此所缘而以同异也[38]。

然后随而命之[39]，同则同之，异则异之[40]。单足以喻则单，单不足以喻则兼[41]，单与兼无所相避则共[42]。虽共，不为害矣[43]。知异实者之异名也，故使异实者莫不异名也，不可乱也。犹使〔异〕同实者莫不同名也。故万物虽众，有时而欲遍举之，故谓之物。物也者，大共名也。推而共之，共则有共，至于无共然后止[44]。有时而欲〔遍〕偏举之，故谓之鸟兽。鸟兽也者，大别名也。推而别之，别则有别，至于无别然后止[45]。名无固宜[46]，约之以命[47]。约定俗成谓之宜，异于约则谓之不宜。名无固实[48]，约之以命。〔实〕约定俗成谓之实名[49]。名有固善，径易而不拂[50]，谓之善名。物有同状而异所者，有异状而同所者[51]，可别也。状同而为异所者，虽可合，谓之二实。状变而实无别而为异者，谓之化[52]。有化而无别，谓之一实。此事之所以稽实定数也[53]。此制名之枢要也。后王之成名，不可不察也。

“见侮不辱”[54]，“圣人不爱己”[55]，“杀盗非杀人也”[56]，此惑于用名以乱名者也。验之所〔以〕为有名而观其孰行，则能禁之矣[57]。“山渊平”[58]，“情欲寡”[59]，“刍豢不加甘，大钟不加乐”[60]，此惑于用实以乱名者也。验之所缘〔无〕以同异而观其孰调，则能禁之矣[61]。“非而谒楹”[62]，“有牛马，非马也”[63]，此惑于用名以乱实者也。验之名约，以其所受悖其所辞，则能禁之矣[64]。

凡邪说辟[65]言之离正道而擅作者，无不类于三惑者矣。故明君知其分而不与辨也。夫民易一以道而不可与共故[66]。故明君临之以势，道[67]之以道，申[68]之以命，章之以论[69]，禁之以刑。故其民之化道也如神，辨〔势〕说恶用矣哉！今圣王没，天下乱，奸言起，君子无势以临之，无刑以禁之，故辨说也。实不喻然后命，命不喻然后期[70]，期不喻然后说，说不喻然后辨[71]。故期、命、辨、说也者，用之大文也[72]，而王业之始也。名闻而实喻，名之用也。累而成文，名之丽也[73]。用、丽俱得[74]，谓之知名。名也者，所以期累实也[75]。辞也者，兼异实之名以论一意也[76]。辨说也者，不异实名以喻动静之道也[77]。期命也者，辨说之用也。辨说也者，心之象道也[78]。心也者，道之工宰也[79]。道也者，治之经理也[80]。心合于道，说合于心，辞合于说，正名而期，质请而喻[81]，辨异而不过[82]，推类而不悖[83]，听则合文，辩则尽故[84]。以正道而辨奸，犹引绳以持曲直，是故邪说不能乱，百家无所窜。有兼听之明而无奋矜之容；有兼覆之厚而无伐德之色。说行则天下正，说不行则白道而冥穷[85]。是圣人之辨说也。《诗》[86]曰："颙颙卬卬，如珪如璋，令闻令望。岂弟君子，四方为纲。"[87]此之谓也。

辞让之节得矣，长少之理顺矣，忌讳不称[88]，祆辞不出，以仁心说，以学心听，以公心辨[89]。不动乎众人之非誉，不〔治〕冶观者之耳目[90]，不赂贵者之权势，不利传辟者之辞[91]。故能处道而不贰，〔吐〕咄而不夺，利而不流[92]，贵公正而贱鄙争。是士君子之辨说也。《诗》[93]曰："长夜漫兮，永思骞兮[94]。大古之不慢兮[95]，礼义之不愆兮[96]，何恤人之言兮！"此之谓也。

君子之言，涉然而精，俯然而类，差差然而齐[97]。彼正其名，当其辞，以务白其志义者也[98]。彼名辞也者，志义之使也，足以相通则舍之矣[99]。苟之，奸也[100]。故名足以指实，辞足以见极[101]，则舍之矣。外是者谓之讱[102]，是君子之所弃，而愚者拾以为己宝。故愚者之言，芴然而粗，啧然而不类，诸诸然而沸[103]。彼诱其名，眩其辞，而无深于其志义者也[104]。故穷藉而无极[105]，甚劳而无功，贪而无名。故知[106]者之言也，虑之易知也，行之易安也，持之易立也，成则必得其所好而不遇其所恶焉。而愚者反是。《诗》[107]曰："为鬼为蜮，则不可得；有靦面目，视人罔极。作此好歌，以极反侧。"[108]此之谓也。

凡语治而待去欲者[109]，无以道欲而困于有欲者也。凡语治而待寡欲者，无以节欲而困于多欲者也。有欲无欲，异类也，〔生死也〕性之具也，非治乱也[110]。欲之多寡，异类也，情之数也，非治乱也[111]。欲不待可得，而求者从所可[112]。欲不待可得，所受乎天也。求者从所可，受乎心也[113]。所受乎天之一欲，制于所受乎心之多，固难类所受乎天也[114]。人之所欲生甚矣；人之所恶死甚矣。然而人有从生成死者。非不欲生而欲死也。不可以生而可以死也[115]。故欲过之而动不及，心止之也[116]。心之所可中理[117]，则欲虽多，奚伤于治！欲不及而动过之，心使之也[118]。心之所可失理，则欲虽寡，奚止于乱！故治乱在于心之所可，亡于[119]情之所欲。不求之其所在，而求之其所亡，虽曰我得之，失之矣。

性者，天之就也[120]；情者，性之质也；欲者，情之应也。以所欲为可得而求之，情之所必不免也；以为可而道之，知所必出也[121]。故虽为守门，欲不可去。〔性之具也〕虽为天子，欲不可尽[122]。欲虽不可尽，可以近尽也；欲虽不可去，求可节也[123]。所欲虽不可尽，求者犹近尽；欲虽不可去，所求不得，虑者欲节求也[124]。道者[125]，进则近尽，退则节求，天下莫之若也。凡人莫不从其所可，而去其所不可。知道之莫之若也，而不从道者，无之有也。假之有人而欲南无多，而恶北无寡[126]，岂为夫南者之不可尽也，虽南行而北走也哉？今人所欲无多，所恶无寡，岂为夫所欲之不可尽也，离得欲之道而取所恶也哉？故可道而从之，奚以损之而乱[127]！不可道而离之，奚以益之而治[128]！故知者论道而已矣，小家珍说之所愿皆衰矣[129]。

凡人之取也，所欲未尝粹而来也；其去也，所恶未尝粹而往也[130]。故人无动而〔不〕可以不与权[131]俱。衡[132]不正，则重县于仰，而人以为轻；轻县于俯，而人以为重，此人所以惑于轻重也。权不正，则祸托于欲而人以为福；福托于恶而人以为祸，此亦人所以惑于祸福也。道者，古今之正权也，离道而内自择[133]，则不知祸福之所托。易[134]者以一易一，人曰无得亦无丧也。以一易两，人曰无丧而有得也。以两易一，人曰无得而有丧也。计者取所多，谋者从所可。以两易一，人莫之为，明其数也。从道而出，犹以一易两也，奚丧？离道而内自择，是犹以两易一也，奚得？其累百年之欲，易一时之嫌[135]，然且为之，不明其数也。

有尝试深观其隐而难〔其〕察者[136]，志轻理[137]而不外重物者，无之有也；外重物而不内忧者，无之有也。行离理而不外危者，无之有也；外危而不内恐者，无之有也。心忧恐则口衔刍豢而不知其味，耳听钟鼓而不知其声，目视黼黻而不知其状，轻暖平簟而体不知其安。故向万物之美而不能嗛也[138]；假而得〔问〕间而嗛之，则不能离也[139]。故向万物之美而盛忧，兼万物之利而盛害。如此者，其求物也，养生也？粥寿也[140]？故欲养其欲而纵其情，欲养其性而危其形；欲养其乐而攻其心，欲养其名而乱其行。如此者，虽封侯称君，其与夫盗无以异；乘轩戴绕，其与无足无以异[141]。夫是之谓以己为物役矣。

心平愉，则色不及佣[142]而可以养目，声不及佣而可以养耳，蔬食菜羹而可以养口，粗布之衣、粗紃之履[143]而可以养体，〔屋〕局室、〔虑庾葭〕芦帘、槁蓐，尚机筵[144]而可以养形。故无万物之美而可以养乐，无势列之位而可以养名。如是而加天下焉[145]，其为天下多，其〔和〕私乐少矣。夫是之谓重己役物。

无稽之言，不见之行，不闻之谋[146]，君子慎之！

---

[1]成名：确定名称。　[2]文名：礼节仪式之名。《礼》：周之《礼经》。　[3]散名：杂名。言约定俗成之众名。刑名、爵名、文名皆出于王制，官之所专用。万物之名则不然，故曰散名。　[4]诸夏：古代指中原地区。成俗：固有的习俗。曲期：普遍的认可。因之：凭借诸夏所定的名称。通：译而通之，相互了解。　[5]言生而本然者谓性。　[6]精合：言如耳目之精灵

与见闻之物合。感应：言外物感心而来应。事：任使。言生之和气所生，精合感应，不加任使而自然，性之本能。 [7]言性感物而分为此六者，谓情。 [8]言情既如是而心为之审择可否而行，谓虑。 [9]能：功力。伪：人为。言心虑而加力，施于行动，谓伪。 [10]正：以此为准。为：亦可作“伪”。下并同。事：业务，如商、农、工、贾。言准利而为谓事。 [11]言准义而为谓行。行：德行。 [12]在人者：言藏于心。“谓之知”之知，通“智”。有所合：言遇物而应。言所以知之藏于心者谓智；遇物而知与之合由于有智。 [13]在人者：言藏于身。有所合：言处事而当。言所以能之藏于身者谓能；处事而得其当由于有能。 [14]言伤其天性谓病。 [15]节：犹“适”。言偶然而遇，莫之致而至者谓命。 [16]析辞：玩弄词句。 [17]符节度量宜有定准，不可擅为，擅为则有罪。 [18]悫（què）：诚实。 [19]功：功效，意为收到成效。 [20]迹：王者所立之迹。 [21]言怠慢于守名约。 [22]作：变。言若有王者起，必将遵循成名，变易惑乱正名之新名。 [23]所为有名：所以有名之故。所缘以同异：名所因以同异之故。制名之枢要：制名之总要（关键）。言正名不可不察是三者。 [24]此言名不正之害。离心：各不相同之人心。纽：结。互纽：纷结而乱。言名不正，则本异形，我谓此圆而彼方，人谓彼圆而此方；本异物，我名此牛而彼马，人名彼牛而此马。 [25]不喻：不明白，不了解。困废：窒碍难行。 [26]天官：耳、目、口、鼻、心、体。 [27]意物：对事物之感觉、印象。 [28]约名：约定事物共同的名称。言比方其疑似以通之，是所以共其名以相期会交际。　[29]此以下言天官之意物。色理：肤理。以目异：言以目之感觉而能别异之。　[30]调：声之和。节：声之制。奇声：奇异之声。　[31]芬：花草之香气。郁：腐臭。漏（lòu）：蝼蛄臭者。庮（yóu）：恶臭。　[32]疾：痛。养：同“痒”。沧：寒。钑：同“涩”。言是数者以形体之感觉而能别异之。　[33]说：通“悦”，心诚悦之。故：同“固”，烦闷。　[34]征：证明。言心于说、故、喜、怒、哀、乐、爱、恶、欲之外，又能证明所知，使之诚确。[35]言唯心有征知故能如是；否则感觉纷至而无统，不能有所知。　[36]簿：记录。言心能征知，必天官曾受是类感觉，如记录于簿书然，两相会合，然后成其用。　[37]然：语助词。言五官感之而不知其名，心能征之，而亦不能说其名，则人皆谓之不知。　[38]这就是名称之所以有同异的由来。　[39]言既分同异，随即为之命名。　[40]言同类则同名，异类则异名。　[41]喻：晓。单：物之单名，如马如牛。兼：物之复名，如白马、黄牛。　[42]言单名复名有不可相避者，则举其共名；如单名谓之马、牛，虽万马、牛同名，或复名谓之白马、黄牛，虽万白马、黄牛同名。　[43]言虽共不害于分别。[44]有：通“又”。言推此共名之理以包一切，共而又共，至于无可共然后止。　[45]言推此别名之理以别万物，如鸟有鸡、雀，兽有牛、马，别而又别，至于无可别然后止。　[46]言名本无定也。　[47]命：命之。言约定用这一名称命名这一实物。　[48]言某名本不定表某实。　[49]实名：如天、地、山、川。言约定俗成，共谓之天、地、山、川，则四者即实名。　[50]径易：平直易晓。拂：违反。　[51]所：实质。下两“所”字同。　[52]言状变而实犹是，不谓之二实而谓之化。　[53]言稽考事物的实质来确定名称的多寡。　[54]此宋钘之言。　[55]《墨辩·大取》云：“爱人不外己，己在所爱之中。己在所爱，爱加于己，偷列之爱己，爱人也。”荀子所指，当即此说。　[56]此《墨辩·小取》语。　[57]言所为有名，原以明贵贱，别同异。今说若此，是贵贱不明，同异无别。既以是验之，更观其所名与古来所名孰行，则足以证其非而禁之。　[58]此即庄子“山与泽平”之说。　[59]此宋钘之说。　[60]此墨子之说。　[61]言所缘以同异，在天官之所感。今说若此，与天官之所感不相应。既以是验之，更观其所言与古来所称孰为调顺，则足以证其非而禁之。　[62]此四字当作“排而谓盈”，言互相排斥，又互相包涵。　[63]《墨辩经》下有“牛马之非牛，与可之同，说在兼”一条。《经说》下云：“‘牛马，牛也’，未可。则或可或不可。而曰‘牛马，牛也，未可’，亦不可。且牛不二，马不二，而牛马二。则牛不非牛，马不非马，而牛马非牛非马。无难。”荀子所指，当即此说。又，“牛马非马”疑是公孙龙的学说。　[64]名约：所谓“约定俗成谓之宜”。所受：心之所是（所赞成的）。所辞：心之所非（所反对的）。言以名约验之固不如是。其所是与其所非相违，而所非正俗成以为是者。则足以证其非而能禁之。
[65]辟：通“僻”，谬。　[66]故：所以然。言民可一之以大道，使之遵循，而不可与共明其所以然。　[67]道：同“导”。　[68]申：重。　[69]章：明。论：同“伦”。

[70]命：以名命之。期：会。言实不易晓则为之命名；命名而仍难晓者，则以形状大小会之，俾易晓。 [71]说：解说其所以然的道理。辨：反复辨明。 [72]无期命辨说则万事不行，故实用上最善最美的方法。 [73]丽：同“俪”，配合联缀也。言累名而成文辞，无非使诸名相配合相联缀。 [74]言既能名闻而实喻，又能缀合恰当。 [75]期：会合。累实：犹言诸实。言名所以会合诸实，使举而可喻。 [76]辞：语辞。言语辞积诸异实之名来表述一个意思。 [77]不异实名：言所用名始终同其涵义，无广狭之别。动静：是非。 [78]言辨说所以形象道理而说之。 [79]工：官。工宰：犹言主宰。 [80]经：常法。理：条贯。 [81]质：正。请：通“情”，实。言正其名以会物，正其情实而喻之。 [82]言足以别异物，则不为过说（没有错误）。 [83]言推同类之物使共其名，不使乖悖。 [84]言听人之说，则取其合文理（即合乎礼法）者；自为辨说，则尽其事实。 [85]兼覆：无所不包。伐德：自夸美德。穷：通“躬”。白道而冥躬：言明白其道而幽隐其身。[86]《诗经·大雅·卷阿》。 [87]颙颙（yóng）：温貌。卬卬（áng）：志气高朗。岂（kǎi）弟：和乐平易。 [88]言无人称道触犯忌讳之言。 [89]言言说务于开导，不聘辞辨；听人之说主于恢敬，不事争辨；与他人辨本于至公，无所偏曲。[90]冶：古通“蛊”。言不以妖辞蛊惑众人之耳目。 [91]利：言爱悦之。传辟者之辞：言世俗传说，邪僻者之辞。 [92]咄：通“诎”。言言虽困诎而不可劫夺，虽通利而不至流荡。[93]逸诗。 [94]漫：漫漫，夜长貌。骞：思貌。 [95]言无

乖于太古之道。　[96]愆：违反。　[97]涉然：深入之貌。俯然：俯就貌。类：言有统类，不虚诞。差差然：不齐貌。[98]当：运用。志义：思想。　[99]言名辞得志义之理则已。[100]苟之：故意加以曲说或标新立异。奸：邪说。　[101]极：中正。　[102]外是：超过这个（界限）。讱：难。言是务为难说。　[103]芴：同“忽”。忽然：无根本貌。啧：同“赜”。赜然：烦言貌。谘谘然：多言貌。沸：沸腾。　[104]诱：诳。言其名不正，其辞眩惑，又不深明于志义相通之理。[105]藉：布陈。言穷陈其辞，而无中正之理。　[106]知：通“智”。　[107]《诗经·小雅·何人斯》。　[108]靦（miǎn）：有面目的样子。反侧：反覆不正直。言汝为鬼为蜮，则不可得而见矣。汝乃人也，靦然有面目与人相视，无穷极之时。是以作此好歌，以究极尔反侧之心。　[109]语治：论治国之道。　[110]言欲为性之所固具，欲之有无，非治乱所系。[111]言欲之多寡为人情必然之数，亦非治乱所系。　[112]欲不待可得：言欲根于天性，不待其可得而后欲之。求者从所可：言求足其欲则从心之所愿。　[113]受乎心：言受心之节制。[114]言生之有欲，一而已矣。以有欲之性受制于心，而欲遂多纷驰而日失其故，漓其真。则与所受于天之一欲，又不可以类求。　[115]欲生而心以为不可生，则死，此以心制欲。[116]此承上明之：言所欲有过于生，而行动不及于求生，心之中理止之。　[117]中理：合于理。　[118]言欲不及于死，而行动过之，自取死亡，心之失理使之。　[119]亡（wú）于，无与于。　[120]言性成于天之自然。　[121]言心以欲为可得而道达之，智之所必出于此。[122]尽：尽足其欲。[123]节：节制。言求节制之道。[124]此句恐有误。意言所求不得而无虑者，在节其所求之欲。[125]道：对待欲望的正道。[126]欲南无多：言南虽至远，犹欲之。恶北无寡：言北虽至近，犹恶之。[127]可道：以道为可。言可道而从之，虽损去欲寡欲之说，岂就会乱。[128]言不可道而去之，虽益去欲寡欲之说，岂能够治。[129]小家珍说：一曲之家，自珍贵其说者。言论道则宋、墨之家愿人去欲寡欲者皆衰。[130]粹：精。未尝粹而来，言祸托于欲。未尝粹而往，言福托于恶。[131]权：秤。[132]衡：犹今天平。[133]内：妄私。内自择：言妄有所择。[134]易：言以物相易。[135]累：积。嫌：通"慊"，快。[136]有：通"又"。言虽隐而难察，以下四事观之，则可知。[137]志轻理：内心轻视道理。[138]向：通"享"。嗛：足，快。[139]言假令暂时得间而嗛之，而其不嗛者仍在，不能离。[140]后二"也"字读为"耶"。粥：同"鬻"。鬻寿，言促其生。[141]绕：同"冕"。无足：言刖者。言乘轩戴冕而行，似为至荣，然实与无足者之跳跃而行无异。[142]佣：通"庸"，平常的情况。[143]粗紃之履：粗麻履。[144]局室：促狭之室。芦帘：以芦为帘。槁蓐：以槁为蓐。尚：尚古。尚机筵，言质朴之机筵。一说"尚"当作"尚"（古"敝"字），尚机筵：破旧的几桌和竹席。[145]言以是无贪利之心，而加以天下之权。[146]言其行其谋出于幽隐，人所不能闻见。

性　恶

人之性恶，其善者伪也[1]。今人之性，生而有好利焉，顺是，故争夺生而辞让亡焉；生而有疾恶[2]焉，顺是，故残贼生而忠信亡焉；生而有耳目之欲，有好声色焉，顺是，故淫乱生而礼义文理[3]亡焉。然则从人之性，顺人之情，必出于争夺，合于犯〔分〕文乱理而归于暴。故必将有师法之化，礼义之道，然后出于辞让，合于文理，而归于治。用此观之，然则人之性恶明矣，其善者伪也。故枸木必将待檃栝烝矫然后直[4]，钝金必将待砻厉[5]然后利。今人之性恶，必将待师法然后正，得礼义然后治。今人无师法则偏险而不正，无礼义则悖乱而不治。古者圣王以人之性恶，以为偏险而不正，悖乱而不治，是以为之起礼义、制法度，以矫饰人之情性而正之，以扰[6]化人之情性而导之也。始皆出于治，合于道者也。今之人，化师法，积文学，道礼义者为君子；纵性情，安恣睢，而违礼义者为小人[7]。用此观之，然则人之性恶明矣，其善者伪也。

孟子曰："今之学者，其性善。"[8]曰：是不然，是不及知人之性，而不察乎人之性、伪之分者也。凡性者，天之就也，不可学，不可事[9]；礼义者，圣人之所生也[10]，人之所学而能，所事而成者也。不可学、不可事而在人者谓之性。可学而能、可事而成之在人者谓之伪。是性、伪之分也。今人之性，目可以见，耳可以听。夫可以见之明不离目，可以听之聪不离耳。目明而耳聪，不可学明矣。

孟子曰："今人之性善，将皆失丧其性故也。"[11]曰：若是，则过矣。今人之性，生而离其朴，离其资，必失而丧之[12]。用此观之，然则人之性恶明矣。所谓性善者，不离其朴而美之，不离其资而利之也[13]。使夫资朴之于美，心意之于善，若夫可以见之明不离目，可以听之聪不离耳，故曰目明而耳聪也。今人之性，饥而欲饱，寒而欲暖，劳而欲休，此人之情性也。今人饥见〔长〕粮[14]而不敢先食者，将有所让也；劳而不敢求息者，将有所代也[15]。夫子之让乎父，弟之让乎兄，子之代乎父，弟之代乎兄，此二行者，皆反于性而悖于情也；然而孝子之道，礼义之文理也。故顺情性则不辞让矣；辞让则悖于情性矣。用此观之，然则人之性恶明矣，其善者伪也。

问者曰："人之性恶，则礼义恶生？"[16]

应之曰：凡礼义者，是生于圣人之伪，非故[17]生于人之性也。故陶人埏埴[18]而为器，然则器生于〔工〕陶人之伪，非故生于陶人之性也。故工人斲木而成器，然则器生于工人之伪，非故生于工人之性也。圣人积思虑，习伪故，以生礼义而起法度，然则礼义法度者，是生于圣人之伪，非故生于人之性也。若夫目好色，耳好声，口好味，心好利，骨体肤理好愉佚，是皆生于人之情性者也，感而自然，不待事而后生之者也。夫感而不能然，必且待事而后然者，谓之生于伪。是性、伪之所生，其不同之征也[19]。

故圣人化性而起伪[20]，伪起而生礼义，礼义生而制法度。然则礼义法度者，是圣人之所生也。故圣人之所以同于众〔其〕而不〔异〕过于众者，性也；所以异而过众者，伪也。夫好利而欲得者，此人之情性也。假之人有〔弟兄〕资财而分者，且顺情性，好利而欲得，若是则兄弟相拂夺矣[21]；且化礼义之文理，若是则让乎国人矣。故顺情性则弟兄争矣，化礼义则让乎国人矣。

凡人之欲为善者，为性恶也。夫薄愿厚，恶愿美，狭愿广，贫愿富，贱愿贵，苟无之中者[22]，必求于外；故富而不愿财，贵而不愿势，苟有之中者，必不及于外。用此观之，人之欲为善者，为性恶也。今人之性，固无礼义，故强学而求有之也。性不知礼义，故思虑而求知之也。然则生而已[23]，则人无礼义，不知礼义。人无礼义则乱；不知礼义则悖。然则生而已，则悖乱在己。用此观之，人之性恶明矣，其善者伪也。

孟子曰："人之性善。"曰：是不然。凡古今天下之所谓善者，正理平治也；所谓恶者，偏险悖乱也。是善恶之分也已。今诚以人之性固正理平治邪？则有恶[24]用圣王，恶用礼义矣哉？虽有圣王礼义，将曷加于正理平治也哉！今不然，人之性恶。故古者圣人以人之性恶，以为偏险而不正，悖乱而不治，故为之立君上之势以临之，明礼义以化之，起法正以治之，重刑罚以禁之，使天下皆出于治，合于善也。是圣王之治而礼义之化也。今当[25]试去君上之势，无礼义之化，去法正之治，无刑罚之禁，倚[26]而观天下民人之相与也。若是，则夫强者害弱而夺之，众者暴寡而哗之[27]，天下之悖乱而相亡不待顷[28]矣。用此观之，然则人之性恶明矣。其善者伪也。故善言古者必有节于今，善言天者必有征于人[29]。凡论者，贵其有辨合，有符验[30]。故坐而言之，起而可设，张而可施行。今孟子曰“人之性善”，无辨合符验，坐而言之，起而不可设，张而不可施行，岂不过甚矣哉！故性善则去圣王，息礼义矣；性恶则与[31]圣王，贵礼义矣。故檃栝之生，为枸木也；绳墨之起，为不直也；立君上，明礼义，为性恶也。用此观之，然则人之性恶明矣，其善者伪也。直木不待檃栝而直者，其性直也；枸木必将待檃栝烝矫然后直者，以其性不直也。今人之性恶，必将待圣王之治，礼义之化，然后皆出于治，合于善也。用此观之，然则人之性恶明矣，其善者伪也。

问者曰：“礼义积伪者，是人之性，故圣人能生之也。”[32]应之曰：是不然。夫陶人埏埴而生瓦，然则瓦埴岂陶人之性也哉？工人斲木而生器，然则器木岂工人之性也哉？夫圣人之于礼义也，辟[33]则陶埏而生之也。然则礼义积伪者，岂人之本性也哉？凡人之性者，尧、舜之与桀、跖，其性一也；君子之与小人，其性一也。今将以礼义积伪为人之性邪？然则有曷贵尧、禹，曷贵君子矣哉？凡所贵尧、禹、君子者，能化性，能起伪，伪起而生礼义。然则圣人之于礼义积伪也，亦犹陶埏而生之也。用此观之，然则礼义积伪者，岂人之性也哉？所贱于桀、跖、小人者，从其性，顺其情，安恣睢，以出乎贪利争夺。故人之性恶明矣，其善者伪也。天非私曾、骞，孝已[34]而外众人也。然而曾、骞、孝己独厚于孝之实，而全于孝之名者，何也？以綦[35]于礼义故也。天非私齐、鲁之民而外秦人也。然而于父子之义、夫妇之别，不如齐、鲁之孝〔具〕共敬〔父〕文[36]者，何也？以秦人之从[37]情性，安恣睢，慢于礼义故也。岂其性异矣哉？

"涂之人可以为禹。"曷谓也？曰：凡禹之所以为禹者，以其为仁义法正也。然则仁义法正有可知可能之理。然而涂之人也，皆有可以知仁义法正之质，皆有可以能仁义法正之具，然则其可以为禹明矣。今以仁义法正为固无可知可能之理邪？然则唯[38]禹不知仁义法正，不能仁义法正也。将使涂之人固无可以知仁义法正之质，而固无可以能仁义法正之具邪，然则涂之人也，且内不可以知父子之义，外不可以知君臣之正。〔不然〕今不然，涂之人者，皆内可以知父子之义，外可以知君臣之正，然则其可以知之质，可以能之具，其在涂之人明矣。今使涂之人者，以其可以知之质，可以能之具，本夫仁义之可知之理，可能之具，然则其可以为禹明矣。今使涂之人伏[39]术为学，专心一志，思索孰察，加日县久[40]，积善而不息，则通于神明，参于天地矣。故圣人者，人之所积而致矣。

曰："圣可积而致，然而皆不可积，何也？"曰：可以而不可使也[41]。故小人可以为君子而不肯为君子；君子可以为小人而不肯为小人。小人、君子者，未尝不可以相为也[42]；然而不相为者，可以而不可使也。故涂之人可以为禹则然，涂之人能为禹[43]，未必然也。虽不能为禹，无害可以为禹。足可以遍行天下，然而未尝有能遍行天下者也。夫工匠、农、贾，未尝不可以相为事也，然而未尝能相为事也。用此观之，然则可以为，未必能也；虽不能，无害可以为。然则能不能之与可不可，其不同远矣，其不可以相为明矣。

尧问于舜曰："人情何如？"舜对曰："人情甚不美，又何问焉！妻子具而孝衰于亲，嗜欲得而信衰于友，爵禄盈而忠衰于君。人之情乎！人之情乎！甚不美，又何问焉？"唯贤者为不然。[44]

有圣人之知者，有士君子之知者，有小人之知者，有役夫之知者。多言则文而类，终日议其所以，言之千举万变，其统类一也[45]，是圣人之知也。少言则径而省，论而法，若佚之以绳[46]，是士君子之知也。其言也谄，其行也悖，其举事多悔[47]，是小人之知也。齐给便敏而无类，杂能旁魄而无用，析速粹孰而不急[48]，不恤[49]是非，不论曲直，以期胜人为意，是役夫之知也。

有上勇者，有中勇者，有下勇者。天下有中，敢直其身[50]；先王有道，敢行其意。上不循于乱世之君，下不俗[51]于乱世之民；仁之所在无贫穷，仁之所亡无富贵[52]；天下知之，则欲与天下〔同苦〕共乐之；天下不知之，则傀然[53]独立天地之间而不畏。是上勇也。礼恭而意俭，大齐信焉而轻货财[54]，贤者敢推而尚之，不肖者敢援而废之，是中勇也。轻身而重货，恬祸而广解，□□□苟免[55]。不恤是非、然不[56]〔然〕之情，以期胜人为意，是下勇也。

繁弱、钜黍，古之良弓也，然而不得排檠[57]，则不能自正。桓公之葱，大公之阙，文王之录，庄君之曶，阖闾[58]之干将、莫邪、钜阙、辟闾，此皆古之良剑也，然而不加砥厉则不能利，不得人力则不能断。骅骝、骐[59]骥、纤离、绿耳，此皆古之良马也，然而前必有衔辔之制，后有鞭策之威，加之以造父之驭，然后一日而致千里也。夫人虽有性质美而心辩知，必将求贤师而事之，择良友而友之。得贤师而事之，则所闻者，尧、舜、禹、汤之道也；得良友而友之，则所见者忠信敬让之行也。身日进于仁义而不自知也者，靡[60]使然也。今与不善人处，则所闻者欺诬诈伪也，所见者污漫、淫邪、贪利之行也，身且加于刑戮而不自知者，靡使然也。传曰："不知其子视其友，不知其君视其左右。"靡而已矣！靡而已矣！

[1]伪：作为。　[2]疾：同“嫉”。　[3]文理：言节文条理，即礼法。　[4]枸：通“钩”，曲。烝矫：言烝之使柔，矫之使直。　[5]厉：同“砺”。砻、厉：皆磨。　[6]扰：驯。　[7]化师法：受师法教化。道：蹈，实践。恣睢：放纵贪欲，任意胡为。　[8]言人之有学，由其天性本善。此与告子所论同。　[9]事：为，修饰。　[10]生：制定。　[11]言孟子以为人之性善，特皆失丧本性，故恶。　[12]言人之性，苟任其自然，则日离其朴资之纯，必失丧而至于残贼淫乱。[13]言必不离朴资而自得美利，不待作为而善，方能谓之性善。　[14]粻（zhāng）：粮。按，作长（zhāng）可通，似不必改字。　[15]言代其尊长。　[16]言礼义从何而生。[17]故：犹“本”。　[18]埏（shān）：揉和。埴（zhí）：黏土。　[19]征：征验。　[20]言圣人能变化本性，兴起作为。　[21]拂：违背。拂夺：争夺。　[22]如果本身没有这东西。之：犹“于”。中：内，这里指本身。　[23]生而已：言顺其生之自然。　[24]有：通“又”。　[25]当：通“尝”，尝试。　[26]倚：偏倚，犹“旁观”。　[27]众声呵责使少数人（寡）不得发言。　[28]顷：少顷。　[29]节、征：均验。言论古必验之今世，论天必验之人事。　[30]辨、符：皆古代凭证之物。辨，别。别之为两，两家各执其一。符，亦然。言论议如别之合，如符之验然，可施行。　[31]与：从。　[32]礼义积伪：言积作为而起礼义。言是唯人之本性，故圣人能生之，否则亦不能生。　[33]辟：通“譬”。

[34]曾：曾参。骞：闵子骞。孝已：殷高宗之太子。三人皆有至孝之行。　[35]綦（qí）：极，很。　[36]孝共：即孝恭。敬文：言敬而有文。　[37]从：同“纵”，放纵。　[38]唯：通“虽”。　[39]伏：古通“服”，从事。　[40]孰察：精熟而察。加日：累日。县久：悬系以久长。　[41]言质本可以积而不可强使积。　[42]言未尝不可以互相转换。　[43]能为禹：言竟能成为禹。　[44]此问答盖荀子得之传闻，今不见于载籍。亦以明性之恶。　[45]言虽终日议论，其所言千举万变，终始条贯如一。　[46]径：直。省：言辞寡。论：通“伦”。佚：通“秩”，通“程”。佚之以绳，犹言程之以绳。

[47]多悔：多咎过。　[48]齐：疾。给：言应之速如供给。齐给：回答得快。便：轻巧。敏：速。杂能：多异术。旁魄：即“旁薄”，广大。析：谓析辞，若坚白之论者。速：发辞捷速。粹：同“萃”。孰：言其言荟萃而熟练。不急：言非实用之所急。孰：同“熟”。　[49]不恤：不顾。　[50]中：中道。直其身：言依中道而立，无偏邪。　[51]不俗：不习。　[52]言仁之所在，虽贫穷甘之；仁之所亡，虽富贵去之。　[53]傀：同“块”。傀然：独居之貌。　[54]齐：中。言大中信而轻货财。齐信：中正诚信。大：重视。　[55]恬：安。言安于祸难，而广自解说，务欲以辞胜人。“广解”下脱三字。

[56]不：通“否”。　[57]排檠（jǐng），辅正弓弩之器。

[58]曶（hū）和上三句的“葱”“阙”“录”都是剑名。阖闾：吴国君。　[59]骓：同“骐”。　[60]靡：通“摩”，观摩，受影响。